AURORA

Neues vom alten Brecht

Joachim Lang

Neues vom alten Brecht

Manfred Wekwerth im Gespräch

Herausgegeben von
Valentin F. Lang und Karoline Sprenger

Aurora Verlag

… und es gibt nichts, was verführerischer sein kann als eine Frage.

Bertolt Brecht

In den abwegigen Winzigkeiten des Lebtags findet man, wenn man diese nur kenne, den wahren Weg der Weltenwahrheit.

Jean Paul

Vorwort

Über Brecht ist alles gesagt, so könnte man meinen: achtundvierzig Stücke schrieb er, über zweitausenddreihundert Gedichte, über zweihundert Erzählungen, drei Romane; und ein Vielfaches mehr ist über ihn verfasst worden. Nicht nur sein Werk, sondern immer wieder auch seine Person geriet in den Mittelpunkt von kontrovers geführten Diskussionen. Warum also noch zusätzlich ein Buch, das im Titel sogar *Neues vom alten Brecht* verspricht? Weil es Gespräche mit einem seiner engsten Mitarbeiter gibt, der sagt, so hätte er noch nicht über Brecht geredet: Manfred Wekwerth hatte, wie beinah kein anderer, während der Zeit seiner Zusammenarbeit mit Brecht in den fünfziger Jahren engen Kontakt zu dem Dichter, sei es beim Berliner Ensemble oder auf dessen Landsitz in Buckow. Die Gespräche, die Brecht und Wekwerth führten, zählen zum Authentischsten, was an Mitteilungen über die Persönlichkeit des Dichters bekannt ist, die Inszenierungen, bei denen Wekwerth assistierte, Co-Regie oder später Regie führte, zu den bedeutendsten des Berliner Ensembles.

Es gibt wohl kaum eine Person der Zeitgeschichte, bei der die Diskrepanz zwischen immer wieder geäußerten Vorurteilen und von der neueren Forschung bestätigten Tatsachen so groß ist wie bei Bertolt Brecht. Der erste Komplex der Vorurteile besagt, dass Brecht so etwas wie ein trockener Ideologe gewesen sei, der mit seinem Theater Vernunft verbreiten wollte und den Menschen auf logische Kausalität reduzierte. Man legte Brecht auf Weltanschauungen fest, ausgerechnet ihn, der sich über die herrschende Ideologie stets lustig gemacht und empfohlen hatte, sich an die Fakten zu halten. Als zweites gewichtiges Vorurteil gegen Brecht wird sein Verhältnis zu seiner Umgebung genannt. Brecht habe seine Mitarbeiter, besonders seine Frauen, ausgebeutet. Zu beiden Ressentiments hat Brecht selbst am meisten beigetragen. Kurz vor seinem Tod äußerte er die Sorge, dass man sein Theater viel zu theoretisch betrachten könne, die Kritiker – so seine Befürchtung – würden viel mehr von seinen zahlreichen Schriften über das Theater als von seiner konkreten Bühnenarbeit ausgehen. Auch seine von ihm bereits in den zwanziger Jahren nach dem Welterfolg der *Dreigroschenoper* provokant vorgetragene »Laxheit in Fragen geistigen Eigentums« und seine Arbeit im Team legten die Vermutung nahe, Brecht habe von anderen abgeschrieben und Ideen von Mitarbeitern gegen deren Willen einfach übernommen.

Mein Film zum fünfzigsten Todestag Brechts, *Die Kunst zu leben*, für das Erste und Arte war unter anderem ein Versuch, diese Vorurteile auf den Prüfstand zu stellen. Dies geschah anhand verschiedener Quellen, zu denen auch ausführliche Interviews mit sogenannten Zeitzeugen gehörten, mit denen ich bereits Anfang der neunziger Jahre begonnen hatte. Die Gespräche beschrieben in lebendiger Form eine Persönlichkeit, die viel widersprüchlicher und auch herausfordernder war, als man sie in autobiografischen Aufzeichnungen und auch Biografien entdecken konnte. Annäherungsversuche in Gesprächsform an die Person dieses großen Künstlers gab es immer wieder in verschiedenen Formen. Bücher mit Erinnerungen an Brecht haben durchaus Tradition; diejenigen einzelner Personen, wie etwa von Hanns Eisler[1] sowie von Wera und Claus Küchenmeister[2], aber auch solche, die Aussagen mehrerer Personen, von Freunden, Kollegen, Bekannten, Schülern, Wegbegleitern, in sich vereinen und dabei selbstverständlich nicht zu einem homogenen Bild kommen können. Sie umreißen ambivalente, oft widersprüchliche Facetten von Brechts Persönlichkeit, ausgehend von ganz unterschiedlichen Blickwinkeln. Als die bekanntesten dieser Erinnerungsbücher dürften der von Erdmut Wizisla vor kurzem vorgelegte, überaus umfangreiche Band *Begegnungen mit Brecht*[3], Monika Buscheys in Erzählform gehaltenes Buch *Wege zu Brecht*[4] oder die von Jürgen Hillesheim und mir herausgegebene Sammlung *Denken heißt verändern*[5] gelten.

1 Hans Bunge: Fragen Sie mehr über Brecht. Hanns Eisler im Gespräch. München 1970.

2 Wera und Claus Küchenmeister: Eine Begabung muss man entmutigen ... Berlin 1986.

3 Begegnungen mit Brecht. Hrsg. von Erdmut Wizisla. Leipzig 2009.

4 Monika Buschey: Wege zu Brecht. Berlin 2007.

5 Denken heißt verändern. Erinnerungen an Brecht. Hrsg. von Joachim Lang und Jürgen Hillesheim. Augsburg 1998.

Zu den immer wieder befragten Personen um Brecht gehört Manfred Wekwerth, der dem Dichter und Theatermacher nicht nur in eigentümlicher Weise und über einen längeren Zeitraum kontinuierlich nahe war, sondern auch selbst eine überaus interessante und erfolgreiche Vita vorzuweisen hat. Giorgio Strehler bezeichnete ihn als »den vitalsten Fortsetzer der Brechtschen Lehre«, der kürzlich verstorbene Peter Zadek als einen »von den Männern, die das deutsche Theater in den letzten dreißig Jahren gemacht haben«. Außer durch seine Regiearbeiten erlangte Wekwerth als Intendant, Autor, Wissenschaftler, Kritiker sowie als Kulturpolitiker der DDR Ansehen und Bedeutung. Ehe man sich der Person Brechts nähert, besteht daher Grund zu fragen, wer Manfred Wekwerth ist.

Manfred Wekwerth wurde am 3. Dezember 1929 in Köthen geboren. Kurz vor Kriegsende wurde er noch zum Volkssturm eingezogen, konnte jedoch nach wenigen Tagen fliehen. Nach dem Krieg wurde er Lehrer für Mathematik und Physik; zunächst führte er bei Bühnenaufführungen in der Schule Regie, dann am Köthener Stadttheater. Seine Inszenierung von *Die Gewehre der Frau Carrar* durfte er auf der Probebühne des Berliner Ensembles vor geladenen Gästen aufführen. Brecht war kritisch, aber er probte mit der jungen Truppe bis in die Nacht und engagierte Wekwerth am nächsten Tag. Von 1951 bis 1953 war er Assistent von Brecht am Berliner Ensemble und arbeitete fast täglich mit ihm zusammen. Seine erste eigene Regiearbeit war *Die Mutter* am Neuen Theater in der Scala Wien. 1954 wurde er Co-Regisseur von Brecht bei der Uraufführung von *Der kaukasische Kreidekreis*. Im darauffolgenden Jahr inszenierte er mit dem Berliner Ensemble Johannes R. Bechers *Winterschlacht*. Nach Brechts Tod leitete er das Regiekollektiv unter der Intendanz von Helene Weigel. 1959 gelang ihm mit seiner Inszenierung von *Der aufhaltsame Aufstieg des Arturo Ui* mit Ekkehard Schall als Ui ein Welterfolg. Zwei Jahre später wurde er Chefregisseur des Berliner Ensembles, vom dem er sich 1969 vorübergehend trennte. Auf Einladung von Laurence Olivier inszenierte er *Coriolanus* am National Theatre London mit Anthony Hopkins in der Titelrolle. Von 1971 bis 1974 war er Regisseur am Deutschen Theater, danach am Schauspielhaus Zürich. Von 1977 bis 1992 kehrte er als Intendant an das Berliner Ensemble zurück. Er wurde 1982 Präsident der Akademie der Künste der DDR und später auch Mitglied des Zentralkomitees der SED. Ab 1990 arbeitete Manfred Wekwerth als Regisseur am Schauspielhaus Zürich, in Meiningen, am Burgtheater Wien und am Theater des Ostens in Berlin. Aufgrund seiner Verdienste für das europäische Theater wurde er zum *Honorary Fellow of the Rose Bruford College London* ernannt. Manfred Wekwerth lebt heute als freier Regisseur und Autor in Berlin.

Mein erstes Interview mit Manfred Wekwerth fand in den neunziger Jahren für das französische Fernsehen statt. Schon damals beeindruckte mich, mit welcher Offenheit und Konkretheit, fernab von jedem Dogmatismus, Manfred Wekwerth seine Arbeit mit Brecht schilderte. Es folgten ausführliche Gespräche in seinem Haus in Grünau, bei Waldspaziergängen in der Nähe und auch bei gemeinsamen Besuchen in Buckow, Brechts Landsitz in der Märkischen Schweiz östlich von Berlin. Von Manfred Wekwerth gab es mit-unter mehr über Brecht und sein Theater zu lernen als von manch theoretischer Schrift. Das zunehmend entstandene gegenseitige Vertrauen bildete die Grundlage für die Interviews, in denen Wekwerth auch über Privates und bisher Unveröffentlichtes aus der gemeinsamen Zeit mit seinem langjährigen und bis heute verehrten Lehrer Brecht berichtet. Das vorliegende Buch fasst unsere wichtigsten Gespräche zusammen. Das ein oder andere von dem, was er schildert, ist bekannt und veröffentlicht, so in Hans-Dieter Schütts[6] Band und in Wekwerths eigenen Publikationen[7]. Dennoch bieten die hier vorliegenden Erinnerungen zahlreiche Informationen, die weit über das hinausgehen, was bisher an Stellungnahmen von Wekwerth über Brecht publiziert ist. Ebenso wichtig ist der lockere und freie Gesprächston; in dieser Form hat Wekwerth noch nicht über Brecht geredet. Die überaus persönlich gehaltenen Antworten stellen keine zusammenfassende, möglichst lückenlose Darstellung des Lebens und Wirkens von Brecht dar, sondern sie vermitteln eine Fülle von Eindrücken und Erinnerungssplittern, die Wekwerths subjektives Bild des Dichters ausmachen. Es wurde der Versuch unternommen, die auf Band festgehaltenen Interviews unter weitgehender Beibehaltung des originalen Gesprächstons in eine lesbare Form zu übertragen. Für diese nicht immer ganz

6 Hans-Dieter Schütt: Manfred Wekwerth. Frankfurt (Oder) 1995.

7 Vgl. zum Beispiel: Schriften. Arbeit mit Brecht. Berlin 1973; Erinnern ist Leben. Eine dramatische Autobiografie. Leipzig 2000; Mut zum Genuss. Ein Brecht-Handbuch für Spieler, Zuschauer, Mitstreiter und Streiter. Berlin 2009.

einfache Arbeit gilt mein herzlicher Dank Valentin F. Lang und Karoline Sprenger, ebenso für deren ausführliche Kommentierung, welche die Einordnung in den zeitgeschichtlichen Kontext erleichtern soll, der knapp ein halbes Jahrhundert umfasst. Mein besonderer Dank gilt Manfred Wekwerth, der mir in vielen langen, ebenso aufschlussreichen wie unterhaltsamen Gesprächen seine Sicht auf Brecht vermittelte, die so viel Überraschendes, Verblüffendes und Neues enthält.

Stuttgart, im Mai 2010
Joachim Lang

Am 14. August 1956 starb Bertolt Brecht. Sie haben bei ihm gelernt, mit ihm gearbeitet, und er hat über seinen Tod hinaus Ihre Arbeit entscheidend mit geprägt. Als Brecht starb, waren Sie gerade einmal fünfundzwanzig Jahre alt. Können Sie beschreiben, wie Sie diesen für Sie so einschneidenden 14. August erlebt haben?

Ich kann mich nicht nur an den Todestag erinnern, sondern an die ganze Woche. Sie endete zwar mit der Katastrophe von Brechts Tod, begann jedoch sehr positiv. Ich war mit ihm alleine in Buckow[8], um zu arbeiten. Wir bereiteten die Uraufführung von *Die Tage der Commune*[9] in Karl-Marx-Stadt, dem heutigen Chemnitz, vor. Brecht wollte, dass ich mit Benno Besson[10] zusammen inszeniere. Der aber kam wegen eines Autounfalls nicht rechtzeitig aus dem Urlaub zurück.

Im Film *Abschied*[11], der zu dieser Zeit spielt, wird so getan, als wären wir in Buckow von Elfen und Nymphen, allen Geliebten Brechts aus den letzten Jahr-

8 Am 2. Juli 1952 bezog Brecht ein Haus in Buckow. Dazu soll er erklärt haben: »Ich gehöre jetzt zu einer neuen Klasse – den Pächtern.« Vgl. Werner Hecht: Brecht Chronik 1898–1956. Frankfurt a.M. 1997, S. 1021.

9 *Die Tage der Commune*, zwischen März und Mai 1949 entstandenes Schauspiel, das sich mit der Pariser Commune (1871) und deren Scheitern befasst und erst 1956, nach Brechts Tod, unter der Regie von Benno Besson und Manfred Wekwerth aufgeführt wurde.

10 Benno Besson (1922–2006) lernte Brecht 1947 in Zürich kennen. Er übersetzte Brecht-Texte ins Französische und führte in der französischen Besatzungszone in Deutschland Brechts *Die Ausnahme und die Regel* auf. 1949 konnte ihn Brecht für das Berliner Ensemble gewinnen. Dort arbeitete Besson als Regieassistent, Regisseur und Schauspieler.

11 *Abschied. Brechts letzter Sommer*, Film von Jan Schütte, Deutschland 2000, mit Josef Bierbichler und Monica Bleibtreu. Der Film beschreibt fiktiv einen der letzten Tage im Leben Brechts in seinem Sommerhaus am See, wo sich verschiedene Frauen um ihn versammelt haben, Ehefrau Helene Weigel und Tochter Barbara, Elisabeth Hauptmann, Ruth Berlau, Käthe Reichel und Isot Kilian.

zehnten, umgeben gewesen. In Wahrheit waren wir alleine, was sehr angenehm war, da wir vieles besprechen konnten, zum Beispiel die Thematik des Naiven. Brecht war der Ansicht, dass man sein Theater viel naiver betrachten müsse.

Wie war das zu verstehen? Er hat doch immer wieder darauf hingewiesen, dass man sein Theater nicht nur theoretisch betrachten dürfe. »Der Pudding erweist sich beim Essen«, war einer seiner Lieblingssätze.

Genau darum ging es. Er hat darauf hingewiesen, dass er in seiner Theorie alles weggelassen habe, was für ihn in der Kunst selbstverständlich ist, wie eben das Naive. Das Naive sah er als ästhetische Kategorie, und zwar als die konkreteste. Brecht war besorgt, dass die Wissenschaft seine Arbeit unlebendig auslegt. Er wollte seine Theaterarbeit noch einmal theoretisch überarbeiten. Ich fragte ihn, wie er sich denn das Theater der Zukunft vorstelle. Da kam jene Antwort, die heute schon fast Legende geworden ist: Er denke sich das Theater der Zukunft wie *Die Maßnahme*[12], Vorführungen auf dem Theater, die einer Kontrolle des Publikums (zum Beispiel des Chores) ausgesetzt sind.

Brecht war in jener Woche lebendig und produktiv wie selten. Er sagte, dass er sich aus dem Theaterbetrieb zurückziehen wolle, um wieder mehr schreiben zu können. Wozu habe er denn Schüler wie Besson, Wekwerth und Palitzsch[13]? In dieser Zeit muss Brecht in Buckow einen Herzinfarkt erlitten haben, den er aber nicht bemerkte.

12 *Die Maßnahme*, bekanntestes, in erster Fassung 1930 entstandenes Lehrstück Brechts, das bis in die neuere Zeit für heftige Kontroversen sorgte.

13 Peter Palitzsch (1918–2004), Chefdramaturg des Berliner Ensembles bis 1961. Er hatte eine kaufmännische Ausbildung absolviert und als Grafiker gearbeitet. 1949 wurde er von Bertolt Brecht für das neu gegründete Berliner Ensemble entdeckt. Nach Brechts Tod arbeitete er als Regisseur zunehmend in der Bundesrepublik und erklärte nach dem Mauerbau 1961, nicht mehr in die DDR zurückkehren zu wollen. 1966 wurde Palitzsch Direktor des Staatstheaters Stuttgart, ab 1972 des Schauspiels Frankfurt. Ab 1992 arbeitete er wieder für das Berliner Ensemble.

Er hatte sich seit Ende 1955 oder Anfang 1956 sehr abgespannt und müde gefühlt und konnte nicht mehr länger als zwei Stunden am Tag arbeiten, so auch bei den Proben zu *Leben des Galilei*[14]. In Buckow hingegen war er viel besser aufgelegt; er war quirlig, lachte viel, übrigens gerne auch über dumme Witze. Wir arbeiteten in dieser Zeit an den *Tagen der Commune*. Dabei entwickelte Brecht zeitweise kritische Höchstlaune. Kritik war für ihn größter Genuss. Er stellte sein gesamtes Stück infrage, gemeinsam schrieben wir ganze Szenen neu. An dem Tag, als er mit mir in seinem zweisitzigen EMW-Sportwagen[15] nach Berlin zurückfuhr, wirkte er bleich und sah krank aus. Am Tag darauf, am 10. August 1956, nahm er an einer Probe des *Kaukasischen Kreidekreises*[16] teil. Wir bereiteten gerade die London-Tournee[17] vor und hatten das Stück eigens dazu gekürzt. Den Schauspielern fiel auf, dass Brecht sehr abgespannt und schwach wirkte. Er erklärte noch etwas zur Hochzeitsszene, die ihm immer gut gefallen hatte, und als er die Probe verließ, sagte er noch, man solle ihn nicht fragen, wie es ihm gehe. Wenn es ihm wieder gutgehe, melde er sich

14 Das Theaterstück *Leben des Galilei* gehört zu den bekanntesten Werken Brechts. Man unterscheidet drei Fassungen, die zwischen 1938 und 1955/56 entstanden und vor dem Hintergrund aktueller, zeitgeschichtlicher Ereignisse (Atombombe) das problematische Verhältnis zwischen wissenschaftlichem Potenzial und gesellschaftlicher Verantwortung reflektieren.

15 Brecht, der eine Vorliebe für Sportwagen hatte, fuhr seit 1954 ein EMW-Sport-Kabriolett aus DDR-Produktion. Er besaß seit 1925 eine Fahrerlaubnis und kam 1928 in den Besitz eines Autos der Firma Steyr.

16 Das Stück *Der kaukasische Kreidekreis* entstand 1944/45 in Santa Monica (USA) und wurde 1954 im Theater am Schiffbauerdamm in Deutschland erstaufgeführt, nachdem 1948 bereits eine erste Aufführung in englischer Sprache in Northfield in Minnesota stattgefunden hatte. Eine Vorstufe des Dramas stellt die 1940 entstandene Erzählung *Der Augsburger Kreidekreis* dar, die erste der *Kalendergeschichten* Bertolt Brechts.

17 Nach dem großen Erfolg der Gastspiele des Berliner Ensembles 1954 und 1955, die den internationalen Durchbruch mit sich brachten, wurde für 1956 ein Gastspiel in London vereinbart, bei dem die Inszenierung des *Kaukasischen Kreidekreises* im Mittelpunkt stand.

von selbst. Angelika Hurwicz[18], die die Grusche[19] spielte, sagte zu mir: »Die Stimme Brechts klang wie aus einem Grab.«

Am Abend des Montags, einen Tag bevor er starb, telefonierte ich noch mit ihm. Dabei wirkte er eigentlich recht normal, obwohl seine Stimme ein wenig verändert klang. Er selbst hielt sich ja für einen Mediziner, weil er einmal zwei Semester Medizin studiert hatte. Zum Beispiel therapierte er uns immer mit Unmengen an Vitamin C, was nicht sehr angenehm war und gar nichts half, selbst wenn er das glaubte. Seinen Herzinfarkt hatte er, weil er schmerzlos war, wohl nicht bemerken können. Er sah als »Mediziner« keinen Anlass zur Besorgnis, durchaus aber die Veränderungen, die der Infarkt bewirkte. Die ignorierte er jedoch. Am Sonntag hatte er aber doch seinen Arzt, Professor Brugsch[20], angerufen. Der hatte sich aber verleugnen lassen, weil er nicht gewusst hatte, dass Brecht am Telefon war.

Wir trafen uns am Dienstag, dem Todestag, in der Früh bei Elisabeth Hauptmann[21] und besprachen, wie die Arbeit am Berliner Ensemble weitergeführt werden sollte, wenn Brecht nun längere Zeit ausfiele. Wir achteten darauf, immer nur von einem zeitweiligen Ausfall zu sprechen, obwohl uns nicht so zumute war. Wir ahnten etwas. Ich glaube, Brecht hingegen nicht. Oder er wollte nichts ahnen. Zwar war er müde, doch der Gedanke ans Sterben lag ihm fern.

Gegen zwölf Uhr unterbrachen wir unsere Zusammenkunft und fragten bei seiner Familie nach, ob sich denn ein Arzt um Brecht kümmere. Die Antwort war: »Nein!« Wir schickten dann den Theaterarzt des Berliner Ensembles in

18 Angelika Hurwicz (1922–1999), Schauspielerin und Regisseurin. Nach privatem Unterricht bei der Max-Reinhardt-Schauspielerin Lucie Höflich war sie 1942/43 bei einem Wandertheater engagiert. 1949 holte sie Brecht für die Rolle der stummen Kattrin im Stück *Mutter Courage und ihre Kinder* an das Berliner Ensemble. 1954 übertrug er ihr die Rolle der Grusche in *Der kaukasische Kreidekreis*.

19 Protagonistin aus dem Drama *Der kaukasische Kreidekreis*.

20 Theodor Brugsch (1878–1963), bekannter Mediziner, war von 1945 bis zu seiner Emeritierung im Jahr 1957 Ordinarius für Innere Medizin an der Berliner Charité.

21 Elisabeth Hauptmann (1897–1973), Schriftstellerin, Mitarbeiterin Brechts, übersetzte John Gays *The Beggar's Opera* als Vorlage der *Dreigroschenoper*.

die Chausseestraße, einen georgischen Arzt, der im Nebenhaus wohnte. Kurz darauf teilte der uns telefonisch mit, dass Brecht einen Herzinfarkt hatte und vier Tage lang damit umhergelaufen war. Das Regierungskrankenhaus wurde alarmiert und Brecht medizinisch versorgt. Wir gingen nach Hause. Gegen elf Uhr abends rief mich Besson an und sagte: »Brecht ist gestorben.« Wie mich das überraschte, zeigt meine dumme Reaktion. Ich fragte: »Im Ernst?« Besson antwortete: »Meinst du, ich spaße in der Sache?« Dieses blöde Gespräch zeigt, wie völlig unfasslich und nicht denkbar, nicht nachvollziehbar dieser Tod für uns war. Er traf uns gänzlich unvorbereitet.

Dann gingen Palitzsch, Besson und ich zu Brechts Haus. Es bot sich uns ein schreckliches Bild wie aus einem Buñuel-Film[22]: Alle Fenster standen offen und waren hell erleuchtet, und aus dem Haus kamen die Ärzte mit den technischen Geräten, die ja nun nutzlos waren.

Wir betraten das Haus nicht. Stattdessen gingen wir zu Besson in die Friedrichstraße. Dort standen wir von elf bis vier Uhr nachts vor dem Haus und sprachen nicht. Uns fehlten die Worte. Wir standen nicht nur, weil wir traurig waren, sondern um das zu begreifen, um dieses für uns Unvorstellbare zu realisieren. Für dieses unermessliche Erschrecken hatte Brecht selbst gesorgt, der ja mit vielem gerechnet hatte, nur nicht mit seinem Tod. Um vier Uhr verabschiedeten wir uns, wir hatten früh Probe.

Am Tag, nach dem Brecht gestorben war, mussten wir eine heitere Szene proben, die Hochzeitsfeier aus dem *Kreidekreis*. Grusche wird mit einem Sterbenden verheiratet, und der Mönch macht Witze, man solle den Tod lustig feiern und die Hochzeit traurig. Und diese Mischung war dann Realität geworden. Die Schauspieler, die sich diszipliniert auf ihre Tournee vorbereiten mussten, spielten auf der Bühne jetzt diese verrückt-ausgelassene Heiterkeit, dieses ungeheure Gelächter, das Brecht noch inszeniert hatte, und dabei liefen manchem die Tränen über die Wangen.

22 Luis Buñuel (1900–1983), spanisch-mexikanischer Filmemacher, der zu den wichtigsten Filmregisseuren des 20. Jahrhunderts gehört. Vor allem seine surrealen Werke in der Frühzeit des Films waren erfolgreich. Zentrale Aspekte bei Buñuel sind der Kampf gegen die Bourgeoisie und die Kritik am Christentum. Er gilt als Meister des Surrealen.

Brecht hatte in testamentarischen Verfügungen Vorkehrungen für seinen Tod getroffen. Dazu gehört, dass er in einem Zinksarg beerdigt werden wollte.

Den Zinksarg gab es noch gar nicht, weil eben niemand mit Brechts Tod gerechnet hatte. Brecht hatte diese Vorkehrungen schon früher und keineswegs angesichts seines nahenden Todes getroffen. Damals hatte er auch verfügt, dass an seinem Grab nicht geredet werden solle. Und möglicherweise hatte er damals auch gesagt: »Ich hoffe, ich war unbequem, und nach meinem Tod gibt's noch Möglichkeiten.«[23]

Doch dieses Gespräch entstand nicht aus unmittelbarer Angst vor dem Tod. Anlass war damals ein Flug nach Moskau im Jahr 1955, wo Brecht einen Preis[24] entgegennehmen wollte. Er flog nicht gern. Da dachte er ähnlich kindlich wie Einstein, der erklärt haben soll, er sei auf die Relativitätstheorie gekommen, weil er sich naiv gefragt habe, warum er nicht merke, in einem Fahrstuhl zu sein, wenn der gleichmäßig fährt. Brecht überlegte und war nicht davon abzubringen: Wenn ich, der ich schwerer bin als Luft, ein Flugzeug besteige, müsste das Flugzeug, sobald es in der Luft ist, runterfallen. Daher machte er, bevor er flog, sein Testament.

Er hatte aber keineswegs Todesahnungen, wie man ihm das jetzt immer unterstellt. Im Gegenteil, er hatte eine Lebensahnung. Gerade von 1956 an entwarf er das Leben neu. Er wollte wieder schreiben. Er wollte auch eine neue *Hauspostille*[25] zusammenstellen. Sein letztes Gedicht war sehr schön, ein Vierzeiler *Wie es*

23 Gemeint ist das Gespräch mit Karl Kleinschmidt, dem Brecht im Juni 1956 folgendes Zitat für seinen Nachruf empfohlen haben soll: »Schreiben Sie nicht, dass Sie mich bewundern. Schreiben Sie, dass ich unbequem war und es auch nach meinem Tode zu bleiben gedenke. Es gibt auch dann noch gewisse Möglichkeiten.« Vgl. Neue Zeit vom 19. August 1956.

24 Es handelt sich um den Stalinpreis, die höchste Auszeichnung, die die Sowjetunion für künstlerische und wissenschaftliche Leistungen zu vergeben hatte, den Brecht am 25. Mai 1955 in Moskau verliehen bekam.

25 *Bertolt Brechts Hauspostille*, Brechts früheste und bekannteste Anthologie, deren Gedichte zwischen 1916 und 1925 entstanden. Erstmals unter dem Titel *Hauspostille* erschien die Sammlung 1927.

war[26], den er 1956 für eine Neufassung der *Hauspostille* schrieb. Dieses Gedicht widerlegt alle Gerüchte, Brecht sei ein müder Bierbichler[27] gewesen, der nur noch dagesessen und längst mit dem Leben abgeschlossen hätte, belagert von seinen Damen. Wie gesagt: Er war erfüllt von großen Hoffnungen, und trotz seiner Müdigkeit, die er eben nur für die Nachwirkungen einer Virusinfektion und nicht für einen Herzinfarkt hielt, voller Tatendrang.

In den testamentarischen Verfügungen vom 15. Mai 1955 steht, dass er nach seinem Tod nicht aufgebahrt werden möchte und dass am Grab nicht gesprochen werden solle. Außerdem solle der Tod sicher festgestellt werden.

Brecht hatte Angst, nur scheintot zu sein und im Sarg aufzuwachen. In dieser Beziehung war er wie ein trotziges Kind. Er misstraute den Ärzten. Er verlangte, dass ihm nach seinem Tode ein Arzt mit einem Stilett ins Herz sticht. Das wurde dann auch so gemacht.

Er hatte auch Angst davor, von Würmern aufgefressen zu werden, weshalb der Sarg aus Stahl oder Zink sein sollte. Der Sarg wurde über Nacht in einem Berliner Betrieb gefertigt. Man baute uns gewissenhaft das schwere Ding, und wir armen vier Leute, wir Assistenten, Besson, Palitzsch, Weber[28], Wekwerth, mussten es tragen. Ich steckte während der Beerdigung noch dazu in einem viel zu engen Anzug, den ich von Charly Weber geborgt hatte, denn ich hatte keinen eigenen. Das war furchtbar. Brecht wollte nicht aufgebahrt werden.

26 Bertolt Brecht: Große kommentierte Berliner und Frankfurter Ausgabe. Hrsg. von Werner Hecht, Jan Knopf, Werner Mittenzwei und Klaus-Detlef Müller. Dreißig Bände und Registerband. Berlin/Weimar/Frankfurt a. M. 1989–2000, Bd. 15, S. 315. (Im Folgenden abgekürzt als GBA.)

27 Josef Bierbichler, der Brecht-Darsteller im Film *Abschied*; vgl. Anmerkung 11.

28 Carl Weber (geb. 1925), Schauspieler und Regisseur, 1952 von Brecht als Schauspieler, Dramaturg und Assistent ans Berliner Ensemble geholt. Nach Brechts Tod arbeitete er bis 1961 als Regisseur am Theater im Schiffbauerdamm. Darauf inszenierte er an verschiedenen Theatern der Bundesrepublik, Skandinaviens und in den USA, bevor er 1966 ganz nach New York ging.

Üblich wäre gewesen, den Sarg in der Akademie offen auszustellen und die Leute daran vorbeiziehen zu lassen. Er wollte auch nicht, dass am Sarg oder am Grab gesprochen würde, höchstens sollte das Gedicht *An die Nachgeborenen*[29] rezitiert werden. Aber selbst das ist nicht geschehen. Dabei ist dieses Gedicht eigentlich ein Testament, vor allem der Schluss:

> Ach, wir
> Die wir den Boden bereiten wollten für Freundlichkeit
> Konnten selber nicht freundlich sein.
>
> Ihr aber, wenn es soweit sein wird
> Daß der Mensch dem Menschen ein Helfer ist
> Gedenkt unsrer
> Mit Nachsicht.

Brecht spielte gerne mit dem Gedanken an die Nachwelt, trotzdem konnte er sich nicht mit der Vorstellung abfinden, dass er auch einmal sterben würde, mit dem Tod rechnete er nicht.

Ich möchte jetzt zeitlich einen großen Sprung zurück machen. Es geht mir darum, dass Sie aus Ihren vielen Begegnungen mit Brecht berichten, und zwar aus seinen biografischen Äußerungen Ihnen gegenüber. Deshalb jetzt achtundfünfzig Jahre zurück: Am 10. Februar 1898 wurde Brecht in Augsburg geboren. In seinem Werk nimmt er immer wieder Bezug auf seine Vaterstadt; er bezeichnet sich selbst als »der Augsburger«. Was hat er Ihnen von seiner schwäbischen Heimat berichtet?

Wir sprachen über Augsburg, kaum dass ich vier oder fünf Tage beim Berliner Ensemble war. Brecht erzählte gerne über diese Stadt, wie er Gitarre spielen lernte und dass seine Lieder nicht deshalb traurig seien, weil der Inhalt traurig

29 Zwischen 1934 und 1938 entstandenes Gedicht Brechts, das zu den *Svendborger Gedichten* zählt. Gilt als einer der wichtigsten Texte der deutschen Literatur. GBA, Bd. 12, S. 85 ff.

wäre, sondern weil er immer nur E-Moll spielen konnte. Die Mädchen hätte er, wie er kundtat, als junger Mann in Augsburg in zwei Kategorien eingeteilt. Ich rechnete nun mit einem wissenschaftlichen Vortrag, aber es kam ganz anders: Die Kategorien waren: »Lasst die, oder lasst die net!«

Diese Einteilung entsprach seiner sehr konkreten Art, sich über theoretische Dinge zu äußern. Sexualität war Anfang des 20. Jahrhunderts ein Problem für die jungen Gymnasiasten. Auch für ihn war sie das. Der Expressionismus hatte die Gefühle ungeheuer hochgepuscht. Aber Brecht ergoss sich nicht in Gesängen um Freud und Leid der Libido, sondern in der pragmatischen Überlegung: »Lasst die, oder lasst die net.«

Eines seiner schönsten Gedichte, Erinnerung an die Marie A.[30], *geht auf eine Augsburger Jugendliebe zurück: Rose Marie Aman*[31].

Brecht hat viele Gedichte seinen Frauen gewidmet, ich nenne nur Ruth Berlau[32], Isot Kilian[33] und Helene Weigel[34]. Der Schlussvers der ersten Strophe

30 1920 erschienenes, berühmtestes Liebesgedicht Brechts, GBA, Bd. 11, S. 92.

31 Junge Augsburgerin, der Brecht das Gedicht *Erinnerung an die Marie A.* gewidmet haben soll.

32 Ruth Berlau (1906–1974), dänische Schauspielerin, Regisseurin, Fotografin und Schriftstellerin. Sie lernte Brecht 1933 im dänischen Exil kennen und war über Jahrzehnte seine Geliebte und Mitarbeiterin. Nach der Rückkehr aus dem Exil folgte sie Brecht nach Berlin, wo sie sich trotz des Bruchs in der Beziehung in seiner Umgebung aufhielt.

33 Isot Kilian (1924–1986), deutsche Schauspielerin, Dramaturgin und Regisseurin. 1949 wurde sie von Helene Weigel für das neu gegründete Berliner Ensemble engagiert. Während der letzten Lebensjahre Brechts wurde sie dessen Mitarbeiterin und seine Geliebte.

34 Helene Weigel (1900–1971), Schauspielerin und Intendantin des Berliner Ensembles. Brechts Ehefrau, mit der er die Kinder Stefan und Barbara hat. Ihre berühmteste Rolle ist die *Mutter Courage* in der Inszenierung von Brecht und Erich Engel. Sie führte gemeinsam mit Brecht das Berliner Ensemble zu Weltruhm.

Erinnerung an die Marie A. in der Werkausgabe lautet: »Und als ich aufsah, war sie [die Wolke] nimmer da.«[35] In einer anderen Fassung[36] steht aber: »Als ich aufstand, war sie nimmer da.« Das ist ein großer Unterschied. Denn er stand auf nach einer konkreten sexuellen Betätigung, guckte nach oben und die Wolke war weg. Das entspricht Brecht mehr. Es ist kein schwermütiges Gedicht, eher dialektisch. Brecht wurde bei Widersprüchen sinnlich.

Trotzdem glaube ich nicht, dass Rose Marie Aman wirklich eine Jugendliebe von Brecht war. In Wirklichkeit wurde er zu dem Gedicht, das immer als Lied beschrieben wurde, durch seine Mitwirkung an Karl Valentins[37] Oktoberfest-Programm *So ein Theater* angeregt. Hier wurde das Gedicht »So oft der Frühling durch das offene Fenster / Am Sonntagmorgen uns hat angelacht« mit exakt derselben Melodie vorgetragen. Darum nannte Brecht sein »berühmtestes« Gedicht auch ein »Dienstmädchenlied«.

Können Sie sich an eine Situation erinnern, bei der Brecht dieses Gedicht vorgetragen hat?

Dieses Gedicht zitierte er einmal, als der Lyriker Martin Pohl[38] zu Besuch war, den Brecht sehr schätzte. Brecht hatte sich in eine hochbegabte Lyrikerin

35 GBA, Bd. 11, S. 92.

36 Gemeint ist die ursprüngliche Notizbuchfassung, die Brecht am 21. Februar 1920 im Zug von Augsburg nach Berlin »abends 7 h« unter dem Titel *Sentimentales Lied No. 1004* aufgeschrieben haben soll.

37 Karl Valentin (1882–1948), bayerischer Komiker, Autor, Volkssänger, Filmemacher, Wortvirtuose. Er war eng mit Brecht befreundet und hat auf dessen Werk deutlich Einfluss genommen, zum Beispiel auf die fünf im Herbst 1919 entstandenen Einakter. Brecht schrieb 1922 über ihn: »Es ist nicht einzusehen, inwiefern Karl Valentin dem großen Charlie [Chaplin ...] nicht gleichgestellt werden sollte.«

38 Martin Pohl (1930–2007), Schriftsteller, wurde 1951 von Brecht als Meisterschüler zum Berliner Ensemble geholt. Pohl wurde in der DDR der Spionage für den englischen Geheimdienst beschuldigt und zu einer Haftstrafe verurteilt. Nach seiner Freilassung ging er 1955 nach Westberlin.

verliebt, Wera Skupin[39], eine Mitarbeiterin von uns, jetzt Wera Küchenmeister. Aber das mit der Liebe war bei ihm anders als in der allgemeinen Vorstellung. Er verliebte sich nicht wie Goethe. Goethe hatte wesentlich mehr Liebeleien, und zwar recht einfache, die er dann schnell wieder fallenließ wie heiße Kartoffeln. Für Brecht war Zuneigung immer abhängig von der Produktivität oder Nützlichkeit einer Beziehung. Er bezog die Damen aber nicht in die Arbeit ein, um sie ins Bett zu kriegen, wie Faust das Gretchen, sondern hatte Spaß am Gespräch, ließ sich durch die Liebe inspirieren, und meistens waren seine Geliebten ja auch seine Mitarbeiterinnen.

Zu dieser Zeit war es eben diese Lyrikerin, die er sehr mochte. Um sie in seiner Nähe zu haben, schrieb er mit ihr ein – übrigens sehr schlechtes – kleines Stück, das wir auch aufführten. Es heißt *Ugullu oder Das Waldfest der Tiere*[40]. Da er ein Alibi brauchte, wenn er die junge Dame einlud, traf man sich bei Brecht in Weißensee[41] und arbeitete intensiv an dem Stück. Wir amüsierten uns ein bisschen darüber. Es gibt auch schöne Verse darin, wie immer bei Brecht, aber es ist wirklich ein miserables Stück, dessen Sinn eigentlich nur darin bestand, dass Brecht Wera Skupin um sich hatte.

Nach der Arbeit kam das Gespräch auf die frühe Lyrik Brechts, also auf die *Hauspostille*. Martin Pohl hatte sich gut vorbereitet. Er hatte die *Hauspostille* gründlich gelesen, unter anderem auch die *Marie* A. Er wollte das Gedicht tiefenpsychologisch analysieren und meinte, darin Unterbewusstes zu erkennen. Konkretheit bereitete Brecht auch in der Lyrik immer großen Spaß. Ganz im Gegensatz zu großen Passionsgeschichten, zum Beispiel den *Leiden des jungen Werther*. Pohl jedenfalls meinte, in allen Gedichten große Untiefen erkennen zu können, und schwärmte von der *Hauspostille* und ihren menschlichen Abgründen. Er wollte sich mit seinen Analysen natürlich ein bisschen beliebt machen bei Brecht. Das versuchten viele. Brecht hörte sich das mit großer

39 Wera Skupin (geb. 1929), Dichterin; seit 1950 Regieassistentin bei Brecht, später in der DDR eine der bekanntesten Autorinnen, Dramaturginnen und Regisseurinnen.

40 *Das Waldfest der Tiere*, 1954 entstandenes Märchenstück von Wera und Claus Küchenmeister.

41 Seit 30. Mai 1949 Brechts erstes Berliner Haus in der Berliner Allee 185 nach seiner Rückkehr aus dem Exil.

Ruhe an, es gefiel ihm offensichtlich. Mit seinem Schlusssatz brachte er Pohls spekulative Betrachtungen allerdings auf den Punkt: »Ja, ja, die gehen alle zur Gitarre zu singen.«

Das war seine ganze Antwort auf Pohls Analyse. Tatsächlich entstanden seine Gedichte oft aus dem Bedürfnis heraus, jemandem etwas vorzusingen. Brecht hatte eine sehr dünne Stimme. Aber gerade die Dünnheit des Vortrages soll die Leute, vor allem die Damen, verrückt gemacht haben. Elisabeth Hauptmann, deren Liebhaber Brecht in frühen Zeiten gewesen war, zeigte sich von seinem Gesang ganz besonders ergriffen: Keine noch so bedeutende schauspielerische Leistung ließe sich mit dem Erlebnis vergleichen, als Brecht ihr die *Seeräuber-Ballade*[42] vorgetragen habe. Mit dünner Stimme und in E-Moll auf seiner Gitarre gezupft:

Von Branntwein toll und Finsternissen!
Von unerhörten Güssen naß!
Vom Frost eisweißer Nacht zerrissen!
Im Mastkorb, von Gesichten blaß!

Brecht trug vor, um zu zeigen, wie viel Interesse und Spaß es ihm machte, vorzutragen, aber auch um zu zeigen, welche Schwierigkeiten er damit hatte. Die Wirkung, die er erzielte, stand in krassem Gegensatz zu diesem unambitionierten Ansatz. Brechts Rezitationen waren von raffinierter Zurückgenommenheit. Ich selbst hörte ihn einmal das Wiener *Fiakerlied*[43], das er liebte, singen. Die Damen sagten, sie seien von einem Schauer ergriffen worden, und das war auch so; ich war's allerdings nicht.

Ich lese Ihnen nun ein Zitat von Brechts Jugendfreund Max Hohenester[44] *vor: »Brecht sang nicht schön, aber mit einer hinreißenden Leidenschaft. Trunken von seinen*

42 GBA, Bd. 11, S. 85–89.

43 Eines der Lieblingslieder Brechts, das aus dem Wiener Kutschermilieu stammt.

44 Max Hohenester (1897–1956), Journalist und Theaterkritiker; Freund Brechts aus Gymnasialzeiten.

eigenen Versen, Einfällen und Gestalten wie andere von Wein, machte er die, die ihm zuhörten, wiederum trunken, wie nur Jugend sein kann.« Können Sie diesen Eindruck bestätigen?

Nein, eigentlich kann ich das nicht bestätigen. Wenn er rezitierte, war es wirklich ein Aufsagen, kein Gestalten. Alles Dramatisieren und alles Durchleben seiner Gedichte, dieses Darinbaden und Sichwinden, das mochte er überhaupt nicht. Brecht war der Meinung, seine Gedichte seien so, dass sie für sich wirken. Und genauso trug er vor, das war naiv, und das war eigentlich am schönsten. Wenn er seine Verse aufsagte, war sein Vortrag nie gezeichnet von Arroganz, sondern von einer Überzeugung, die viel anmaßender war als jede Arroganz. Es gibt eine Eitelkeit, die ist primitiv, schon dadurch, dass man sie andere spüren lässt. Brecht war von viel größerer Eitelkeit, doch die merkte man nicht.

Es gab kürzlich einen Dokumentarfilm über Brecht, da stand ein junger Schauspieler in Augsburg mit der Gitarre an Brechts Geburtshaus[45] und sang in einer ganz dünnen Weise Gedichte aus der *Hauspostille*. Das kommt Brecht am nächsten.

Eines der wichtigen Gedichte entstand schon früh:

> *Ich, Bertolt Brecht, bin aus den schwarzen Wäldern.*
> *Meine Mutter trug mich in die Städte hinein*
> *Als ich in ihrem Leibe lag. Und die Kälte der Wälder*
> *Wird in mir bis zu meinem Absterben sein.*[46]

Diese »Kälte« wird Brecht ja gerne als Gefühllosigkeit ausgelegt.

45 Das Geburtshaus Brechts in Augsburg, Auf dem Rain 7, dient seit 1985 als Brecht-Gedenkstätte mit Ausstellung zu Leben und Werk.

46 *Vom armen B. B.*, eines der bekanntesten Gedichte der *Hauspostille*, in erster Fassung 1921 entstanden; GBA, Bd. 11, S. 119 f.

Ja, in dieser »Kälte« sahen Literaturwissenschaftler Brechts Rückzug aus dem Bereich des Lebendigen in die Welt des Rationalismus. Er habe sich unempfindlich gemacht, Gefühlskälte entwickelt. Ganze Armeen von Theaterleuten sind untergegangen, weil sie der Meinung waren, man könne Brechts Stücke gefühllos spielen.

Diese Leute verwechselten »kalt« mit »gefühllos«; und damit sind sie Brecht schon aufgesessen. Da muss man aufpassen. Brecht mochte es nicht, lyrisches Subjekt zu sein. Auch kein dramatisches Subjekt. Die Rückschlüsse von Galilei auf Brecht lehnte er nicht nur ab, sie amüsierten ihn auch. Mit der »Kälte« ist keine Gefühlskälte gemeint. Die Kälte ist selbst ein enormes Gefühl. Sie ist das Entsetzen darüber, dass es Elend gibt und keinen Aufruhr, so Brecht. Er schützte sich mit dieser Kälte gegen den Rausch im Theater, gegen den Rausch der Realität, gegen den Rausch, der von den Faschisten ausging und sie unbesiegbar machen sollte, ein Rausch, dem man sich, wenn man täglich Radio hörte, kaum entziehen konnte.

Ihm half diese Kälte auch in Dänemark, wohin er vor den Nationalsozialisten geflohen war. Er saß hier »unter dem dänischen Strohdach«, behütet und von der Welt zurückgezogen inmitten der idyllischen dänischen Landschaft. Wenn er aufwachte, erblickte er jeden Morgen die verführerische Schönheit der Natur und geriet in Gefahr zu vergessen, dass die Welt eigentlich schrecklich und der Faschismus weiterhin im Aufstieg war. Er brauchte gefühlsmäßige Kälte als Motor seiner Produktivität. Um den Zorn auf die Nazis aufrechtzuerhalten, tat er etwas ganz Einfaches. Er hängte sich einen Zettel über sein Bett, auf dem stand: Folgendes haben mir die Faschisten gestohlen: eine gesamte Bibliothek, einen Steyr-Zweisitzer, einen antiken Tisch, vier Stühle, etliche Anzüge, Schuhe ... Also eine penible Aufrechnung seiner Verluste. Schließlich hatte er ja nach dem Reichstagsbrand über Nacht fliehen müssen. Las er seinen Schuldenzettel, war der Antrieb ganz konkret, meinethalben naiv, wieder da. So entstanden sicher auch die *Svendborger Gedichte*[47].

Dieser emotionsgeladenen Kälte entspricht auch die Nüchternheit der

47 *Svendborger Gedichte*, in den Jahren zwischen 1933 und 1939 im dänischen Exil entstandene Gedichtsammlung; GBA, Bd. 12, S. 7–92.

Courage-Aufführung[48] im zerstörten Berlin. Diese Nüchternheit, diese Enthaltsamkeit, das fast trockene Sprechen, die Kargheit des Bühnenbildes, die Zurückhaltung der Figuren hatten eine ungeheure emotionale Wirkung. Für die Leute war der Krieg etwas Pathetisches, etwas Lautes. Alle hatten im Krieg Verluste erlitten, viele Frauen hatten ihre Ehemänner und Söhne verloren. Nun kamen sie 1949 ins Theater. Der Krieg war schrecklich und verbrecherisch. Für sie aber war er etwas, was ihnen Anlass zur Trauer gab, Anlass, sich der Trauer hinzugeben. Da sie ja auch gelitten hatten, fühlten sie sich als Opfer. Es war eine ungeheure Herausforderung, ihnen klarzumachen, dass sie am Krieg mitschuldig waren, weil sie ihn nicht verhindert hatten. Nicht nur Hitler war schuld am Morden, sondern auch die Leute, die ihn an die Macht gebracht hatten oder sich seinem Machtantritt nicht entgegengestellt hatten. Das wäre ja durch Wahlen oder durch Streiks oder durch Zusammengehen der Arbeiterparteien durchaus möglich gewesen. Weil wirklich fast alle mitschuldig waren, hieß *Furcht und Elend des III. Reiches*[49] ursprünglich 99 %.

Bei der Aufführung der *Mutter Courage* im Jahr 1951 war ich Regieassistent. Wir fuhren mit der Aufführung zu den sogenannten Gewerkschafts-Theatertagen nach Schwerin. Die Leute waren empört, dass man über diesen Krieg, über ihre Gefühle sagte: »Der Krieg ist nix als die Geschäfte, / Und statt mit Käse ist's mit Blei.« Dieser Satz, der heute anmutet wie der Satz eines nüchternen Rationalisten, war damals als Gegenmittel gedacht. Brecht betrachtete die *Courage* als Entziehungskur für Rauschgiftsüchtige. Die berühmte leere Bühne war ja nicht leer, das Bühnenbild stand draußen vor der Tür, und die Leute brachten es mit: Die Trümmer der Stadt als Folge des Krieges, vor dem Brecht eindringlich gewarnt hatte.

48 Die Inszenierung von *Mutter Courage und ihre Kinder* hatte nach der Rückkehr Brechts am Deutschen Theater in Berlin am 11. Januar 1949 Premiere. Das Stück gehört mit der *Dreigroschenoper* und *Leben des Galilei* zu den meistgespielten Stücken Brechts.

49 *Furcht und Elend des III. Reiches*, zwischen Juli 1937 und 1946 entstandener Zyklus von Einzelszenen, die unterschiedliche Alltagsereignisse im nationalsozialistischen Deutschland schildern.

Die *Courage* wurde im nüchternen Tonfall gespielt; sie war eine Art Ausnüchterung, eine Entziehungskur von dem Rauschgift des Nazismus, der sich im Pathos des Göring-Theaters, wie es Brecht nannte, ausdrückte. Selbst die, die um ihre gefallenen Männer und Söhne weinten und einsehen mussten, dass der Krieg für sie ein Unglück war, wollten dennoch, dass der Tod der Angehörigen einen Sinn hatte.

Hier den Mut zu haben, nüchtern zu spielen, zu zeigen, dass der Krieg nur die Geschäfte mit anderen Mitteln fortführt, zeigt nicht die »Nüchternheit des Aufklärers Brecht«, wie einige meinen, sondern sein leidenschaftliches Eingreifen gegen die Lüge des Krieges. Gerade die Nüchternheit löste beim Publikum Leidenschaft aus. Die Menschen empörten sich leidenschaftlich über die Bloßstellung ihrer *Helden*.

Immer wieder wird von Zuschauern der Aufführung die Klarheit erwähnt, mit der nun vieles durchschaubar wird. Diese Klarheit hat auch Wut ausgelöst, wie sie besonders auf einer Tournee des Berliner Ensembles in Mecklenburg zum Ausdruck kam.

Wir zeigten die *Mutter Courage* im Rahmen der Theaterwochen der Gewerkschaften, und da stürmten Leute am Schluss die Bühne und rissen den halben Vorhang herunter. Die Nüchternheit, oder besser gesagt, die Ernüchterung war für sie so schmerzlich, dass es ihren heftigen Widerspruch hervorrief, der natürlich beabsichtigt war.

Die Nüchternheit war hier also ein bewusst gesetztes Mittel, das Emotionen hervorrief. Nüchternheit bedeutet auch klare Analyse. Wir sind ja thematisch noch in der Jugendzeit, und da gibt es auch so ein Beispiel einer nüchternen Aussage, die heftige Reaktionen hervorrief. Ich meine den berühmten Schulaufsatz Brechts aus dem Jahr 1916, in dem er mit seiner Interpretation des Horaz-Verses »Dulce et decorum est pro patria mori«[50] die nationalistischen Lehrer am Augsburger Gymnasium brüskierte, was beinahe zu einem Schulverweis geführt hat.

50 Lat.: »Süß und ehrenvoll ist es, fürs Vaterland zu sterben.«

In diesem Aufsatz wandte Brecht sich gegen die Heroisierung des Sterbens fürs Vaterland und leistete damit erstmals Widerstand gegen die kriegsbegeisterte Gesellschaft. Und schon darin zeigt sich genau jene Nüchternheit, die Brecht sich verordnet hatte. Er hatte selbst einmal von sich gesagt, er sei ein Mensch, der leicht abirre, der sehr unlogisch im Denken sei, der sich im Gespräch selbst anrege, sich zu verlassen, sich zu verändern. Verstärkt wird dies noch durch die Sucht, alles immer ganz schnell zu verstehen, eine Neigung, die Brecht bei Schauspielern allgemein kritisierte. Wenn einer den Galilei spielt, hält er sich nicht nur für einen großen Schauspieler, sondern auch für einen Physiker. Spätestens, wenn er ihn hundertmal gespielt hat.

Um sich selbst immer wieder aus diesen Gedankenkarussellen zu befreien, immer wieder herauszufinden aus dem Wirbel der Allgemeinheit und der Theorielastigkeit, um die Verhüllung der Grausamkeiten zu durchbrechen, erfand Brecht die Kategorie der Brauchbarkeit oder der Zweckmäßigkeit. Sie war für Brecht eine strenge, eigene Methode.

Der Schulaufsatz demonstriert dieses Vorgehen beispielhaft. Es war damals etwas ganz Außergewöhnliches, sich herauszureißen aus dem Sog der Kriegsbegeisterung, der ja auch gerade die Intellektuellen ergriffen hatte. Ernst Jünger[51], Arnolt Bronnen[52] oder Johannes R. Becher[53], Franz Marc[54], das waren ja Kriegsfanatiker, die den Ersten Weltkrieg als Ereignis schöpferischer Neu-

51 Ernst Jünger (1895–1998), deutscher Schriftsteller. Wegen stark antidemokratischer Tendenzen besonders im Frühwerk gilt er vielen als geistiger Wegbereiter des Nationalsozialismus. Er kann jedoch allenfalls als konservativer Reaktionär bezeichnet werden, der in den späten dreißiger Jahren von den Nazis Abstand nahm.

52 Arnolt Bronnen (1895–1959), österreichischer Schriftsteller und Regisseur. Anfang der zwanziger Jahre arbeitete er mit Brecht zusammen. Als sich Bronnen Ende der zwanziger Jahre rechten Kreisen anschloss, distanzierte sich Brecht von ihm.

53 Johannes R. Becher (1891–1958), deutscher Dichter und Politiker. Von den Nationalsozialisten aufgrund seiner KPD-Mitgliedschaft verfolgt, flüchtete er in die Sowjetunion ins Exil und kehrte nach dem Krieg nach Deutschland zurück. Er war früh am Aufbau der DDR beteiligt, deren erster Kulturminister er von 1954 bis 1958 war.

54 Franz Marc (1880–1916), deutscher Maler; bedeutender Expressionist. Mit Wassily Kandinsky war er Mitbegründer des *Blauen Reiter*.

erung feierten. In dem Aufsatz wird schon Brechts Rationalismus erkennbar, ebenso seine zugleich von Emotionen wie von hoher Intelligenz bestimmte Denkweise. Heute klingt eine solch distanzierte Betrachtung des Krieges normal. Aber es ist eine ungeheure Leistung, sich des nationalen Taumels des Ersten Weltkriegs zu entziehen, noch dazu als Sechzehnjähriger.

Für Brecht ist diese Nüchternheit zugleich Genuss. Schon für Marx[55] war Genuss die Selbstbestätigung des Menschlichen in der höchsten Form, kein zusätzlicher stimulierender Reiz, sondern Lebenstätigkeit. Brecht hatte diese Auffassung gelebt, und das war auch der Grund, weshalb er vieles lustig fand, auch ernste Sachen. Das Wort »komisch« war für ihn das höchste Lob, der ganz große Superlativ. Dass etwas komisch war, dass etwas heiter war, dass etwas lustig war, hatte allergrößte Bedeutung. Und hätte man ihn gefragt, warum er damals diesen Aufsatz schrieb, hätte er lapidar geantwortet: »Das war lustig damals!«

Aber ich glaube, diese Frechheit, die er in jungen Jahren entwickelte, war eine Kompensation seiner Scheu, seiner Zurückhaltung. Erst später verstand ich, wie frech auch der ganze Duktus der *Hauspostille* ist, gerade im katholischen Bayern, wenn Brecht seine *Hauspostille* bewusst in der Form eines katholischen Erbauungsbuches gestaltet. Das war eine Herausforderung, eine Frechheit, mit der er sich letztlich durchgesetzt und natürlich unbeliebt gemacht hat.

Eine Frechheit, die ein großes Selbstbewusstsein voraussetzt, wenn einer in diesem Alter das Establishment herausfordert, auch das kulturelle. Und mit Anfang zwanzig von sich sagt, er beobachte, dass er beginne, ein Klassiker zu werden.

Sicher. Aber Brecht hatte eine Eigenschaft, die ich bei keinem anderen so wahrgenommen habe. Dazu muss man, glaube ich, ein sehr großer Mann sein. Selbstbewusstsein nicht als Selbstüberschätzung, sondern als Mittel,

55 Karl Marx (1818–1883), Philosoph, Journalist, Ökonom; einflussreichster Denker des Sozialismus und Kommunismus, der gemeinsam mit Friedrich Engels die Theorie des historischen Materialismus entwickelte. Brecht begann Ende der zwanziger Jahre, sich mit den Schriften von Marx zu beschäftigen.

Vernunft vehementer durchzusetzen. Brecht selbst nannte es: Berühmtheit als Kampfposten. Er leistete sich als *Berühmtheit* große Bescheidenheit. Vor allem anderen gegenüber. Palitzsch war anders. Der begrüßte einen Niemand, einen Laienspieler wie mich bei meiner Ankunft im Berliner Ensemble mit unvorstellbarer Hochnäsigkeit: Seine Stirn wuchs um das Fünffache, und seine Nase ging um eine Potenz dritten Grades nach oben, und er sagte nur herablassend: »Ja, hier wird ja jeder engagiert, der das Geringste von Brecht macht.« Brecht beurteilte überhaupt nicht, wer man war, wie alt man war oder wie lange man dabei war. Er hatte überhaupt kein Problem mit der Autorität.

Das erste Mal, dass ich mich ich als Mensch anerkannt fühlte, war, als ich einen Vorschlag machte und Brecht ihn wenig später an die Schauspieler weitergab, obwohl ich erst einige Tage da war. Seine Ausführungen leitete er mit den Worten ein: »Wekwerth meint …« Er wusste meinen Namen noch, wenn er ihn auch bis zum Schluss falsch schrieb – mit g.

Und noch eine Anerkennung ließ Brecht mir zuteil werden: Er aß ein Brötchen, und ich hatte als Assistent wenig Geld und immer Hunger. Das merkte Brecht, und er teilte sein Brötchen mit mir. Daran merkte ich, dass er langsam begann, mich geistig zu achten.

Und da passierte schon mein erstes Missgeschick. Wir probten die achte Szene zwischen dem Feldprediger, den Erwin Geschonneck[56] spielte, und dem Koch, gespielt von Ernst Busch[57]. Brecht wurde zum Telefon gerufen und sagte fast beiläufig: »Wekwerth, bitte machen Sie weiter!« Das war natürlich eine erste Chance für mich. Ernst Busch war dafür bekannt, dass er auf

56 Erwin Geschonneck (1906–2008), deutscher Schauspieler. 1949 holte Brecht ihn ans Berliner Ensemble. Dort spielte er große Rollen, wie den Matti in Brechts *Herr Puntila und sein Knecht Matti* und wurde schnell zu einem der erfolgreichsten Schauspieler in der DDR.

57 Ernst Busch (1900–1980), deutscher Schauspieler, Sänger und Regisseur. In der Uraufführung der *Dreigroschenoper* am 31. August 1928 spielte er den Moritatensänger und Smith. Es war der Beginn einer langen Zusammenarbeit mit Brecht. Nach dem Zweiten Weltkrieg spielte er wichtige Rollen am Berliner Ensemble, am Deutschen Theater und an der Volksbühne.

Proben gern mit etwas lauter Stimme agierte. Ich fasste allen Mut zusammen: »Herr Busch, ich finde Sie zu laut!« Die kurze folgende Stille täuschte. Nach wenigen Sekunden hörte ich eine Stimme, die ich gut von den Schallplatten kannte, die ich sehr verehrte, aber diesmal traf das Metall mich und meine »Blödheit zu sagen«, er sei zu laut. Busch verließ stehenden Fußes die Probe. Ich befürchtete schon mein schnelles Ende am Berliner Ensemble. Am nächsten Morgen entschuldigte ich mich dann bei Busch. Er sah mich erstaunt an und sagte – wieder ziemlich laut: »Was entschuldigst du dich, du Dussel, ich war doch wirklich zu laut.«

Ich habe von da an immer meine Vorschläge gemacht. Kein Mensch kannte mich beim Berliner Ensemble, aber Brecht sagte: »Wekwerth meint Folgendes ...« Vorschläge konnten noch so verrückt sein, man musste sie nur begründen können. Vorschläge ohne Begründung ertrug Brecht nicht. Da gab es schon mal Wutausbrüche. Und gekonnte Wutausbrüche beherrschte er ebenso perfekt wie schallendes Gelächter. Es kam beides von Herzen. Am liebsten lachte er auf Proben. Auch bei ernsten Szenen war dies ein Zeichen, dass er zustimmte. Aber man sollte mit Legenden wie »Brecht der Gerechte oder Weise« vorsichtig sein. Wutanfälle kamen oft ganz plötzlich. Dafür gab es vor allem unter den Bühnentechnikern das geflügelte Wort: »Brecht geht vor Recht.« Dies nur als kleine Anekdote aus meinen Anfängen beim Berliner Ensemble. Jedenfalls wurde ich von Brecht anerkannt, weil ich nützlich war. Es ging nicht um irgendeinen Status, den einer hatte, sondern um Nützlichkeit. Dies aber keineswegs im Sinne von Ausnutzen, wie es heute oft blödsinnig behauptet wird, es ging Brecht dabei um »die dritte Sache«[58]. Einer Sache, die man gemeinsam nutzte. Er hatte so das Brauchbarkeitskriterium zu einer philosophischen Kategorie entwickelt. Er las auch Philosophen nur, soweit er sie brauchen konnte. Nach diesem Prinzip beurteilte Brecht die Welt und verteilte seine Sympathien. Er betrachtete seine Aufführungen auch im Hinblick auf deren Nutzen, was die Aktivierung der Menschen betrifft. Er wollte beitragen zur Aufklärung in dem Sinne, dass die Menschen zur Vernunft, also zu sich selbst, und zugleich zum Genuss kommen sollten. Das nannte er Brauchbarkeit.

58 Vgl. das *Lob der dritten Sache* im Stück *Die Mutter*; GBA, Bd. 3, S. 374.

Kurz: Wir Mitarbeiter wurden von Anfang an nicht gefragt: »Wie lange bist du hier?«, sondern: »Wie brauchbar ist dein Vorschlag?«

Aber auch brauchbare Vorschläge musste man begründen. Manche wollten Brecht mit ausgefallenen Ideen imponieren, gerade die Damen zeigten sich sehr erfinderisch, um seine Aufmerksamkeit auf sich zu lenken. Vor allem lachten sie an Stellen, wo es nichts zu lachen gab. Brecht guckte und freute sich. In dieser Hinsicht war er ein dankbares Opfer. Wenn man über seine Witze lachte, stieg man in seiner Achtung. Das kriegten die Damen schnell raus. Aber sonst war der Umgang mit ihm von schönster Normalität, und das hab ich nie wieder in der konsequenten und naiven Weise erfahren wie bei Brecht.

Brecht scharte ja schon in seiner Jugendzeit eine Gruppe von Freunden und Mitarbeitern um sich. Er gab mit ihnen die Schülerzeitschrift Die Ernte *heraus. Im Freundeskreis trug er auch seine Gedichte und Lieder vor. Hat sich das, was man später »kollektive Arbeitsweise« nannte, schon in Augsburg herausgebildet?*

Ich glaube schon. Bestimmte natürliche Eigenschaften Brechts, ich will sie Charaktereigenschaften nennen, zwangen ihn in ihrer Simplizität zu Großem. Denken Sie an Einsteins berühmte Beschreibung, wie er zur Relativitätstheorie gelangte: »Weil ich wahrscheinlich unbedarfter war, als andere Menschen, die sich mit etwas abfinden.« Auch Newton soll sich gefragt haben, warum ein Apfel nicht nach oben fällt, sondern nach unten. Über so etwas denkt ein normaler Mensch nicht nach. Bei Brecht entstanden viele Dinge aus einem ganz ähnlichen Grundverhalten. Sie sind nicht ausgedacht oder überlegt. Dieses Bedürfnis, mit anderen zu reden, wird oft erklärt mit seiner Überzeugung von der Kollektivität, von Teamwork, mit der Einsicht, dass der Einzelne verloren ist und nur in der Summe mit anderen etwas hervorbringt. Das ist alles Unsinn. Brecht langweilte sich allein ganz furchtbar. Und hätte er sich nicht so gelangweilt, wäre er nie ein großer Dichter geworden. Ihn langweilte alles Normale, wenn Leute jemandem zujubeln oder kriegsbegeistert sind. Dazu gehörte auch Frechheit, eine nicht weniger naive Eigenschaft.

Schon in jungen Jahren war Brecht unfähig, etwas allein zu machen. Diese Eigenart blieb Brecht. Das war seine enorme Begabung. Die kenne ich an keinem anderen. Das hatte zur Folge, dass man bei ihm als Partner akzeptiert wurde, weil man gebraucht wurde. Aber nicht gebraucht, um ausgebeutet zu werden, wie immer wieder behauptet wird. Es ist Schwachsinn, dass man in seiner Nähe ausgesaugt wurde, wie eine Fliege von der Spinne. Brecht baute seine Gedanken im Gespräch mit einem immer gleichberechtigten Partner auf. Dabei fragte er nicht nach dem Alter des Gesprächspartners (ich war damals zweiundzwanzig!) oder wie lange man schon beim Berliner Ensemble war. Das war für ihn gleichgültig. Insofern ist die Zusammenrottung mit seinen Freunden Caspar Neher[59], Georg Pfanzelt[60] und den anderen Freunden in seiner Jugend durchaus vorausdeutend.

Das war ja auch die Zeit des Expressionismus. Brecht hasste schon immer diese menschlichen Aufschreie, sowohl der Freude als auch des Leids. Nicht, weil er sie nicht in sich hatte, sondern weil er die Hilflosigkeit, die Sinnlosigkeit, die Unbrauchbarkeit der Sache sah. Der Expressionismus brachte sicher große Töne hervor. Aber er war für Brecht eine unbrauchbare, für ihn nicht lohnende, nicht verwertbare Angelegenheit. Nicht nur theoretisch, sondern ganz elementar. Insofern kann ich mir vorstellen, dass er in seinem Freundeskreis dominierte, aber nicht, indem sich um das Genie Leute gruppierten wie an Goethes Tisch.

Wenn Brecht später allein zu Hause war, rief er oft einen von uns an. Er begann das Telefonat jedes Mal mit der berühmten Frage: »Störe ich?« Natürlich störte er meistens. Entweder man war beim Trinken oder hatte eine Freundin da, oder man war mit sich beschäftigt. Aber das wagten wir jungen Mitarbeiter selbstverständlich nicht zuzugeben. Also, erste Frage: »Störe ich?« Antwort: »Nein.« – »Macht es Ihnen viel aus, wenn Sie noch mal einen Sprung vorbeikommen? Ich hab da noch eine wichtige Frage …« Mürrisch folgte man seiner

59 Caspar Neher (1897–1962), einer der engsten Freunde Brechts aus dessen Augsburger Kreis. Er stattete eine Vielzahl von Brecht-Inszenierungen aus, illustrierte Brecht-Ausgaben; einer der bedeutendsten Bühnenbildner Deutschlands. Brecht blieb er zeitlebens eng verbunden.

60 Georg Pfanzelt (1893–1963), von Brecht George oder auch Orge genannt, war neben Rudolf Hartmann Brechts ältester und bis zum Lebensende einer seiner engsten Freunde; Pfanzelt lebte, von kurzen Unterbrechungen abgesehen, zeit seines Lebens in Augsburg.

Einladung, ging hin zu ihm und fand ihn dann alleine. Und das war der einzige Grund seines Anrufs, er brauchte jemanden.

Einmal hat er mich sogar aus Buckow aufgeregt angerufen und gefragt, ob ich kommen könne, es ginge um eine unaufschiebbare Sache. Ich fuhr eineinhalb Stunden mit meinem Motorroller nach Buckow. Ich war dann ganz erstaunt, dass Brecht seelenruhig hinter seinem Schreibtisch saß und tippte. Ich bekam eine halbe Flasche Bier, wir sprachen über den *Kreidekreis*, aber überhaupt nichts Aufregendes. Mir war nicht klar, warum er mich deswegen nach Buckow hatte kommen lassen. Er brachte mich zur Tür, und dann kam die überraschende Frage. »Verstehen Sie, dass sich die Schauspielerin« – Brecht sagte den Namen, ich lass ihn hier mal weg – »mit dem Hamacher eingelassen hat?« Jetzt wusste ich, warum er mich nach Buckow bestellt hatte. Er interessierte sich nämlich sehr für diese Schauspielerin. Verblüfft von der Frage, brachte ich nur ein »Wieso?« hervor. Und Brecht, ebenso verblüfft, nur: »Gute Fahrt.«

Was bewirkte dieses Gebrauchtwerden bei Ihnen? Man musste ja dann auch immer verfügbar sein.

Diese Eigenschaften, vor allem das gleichberechtigte Akzeptieren auch von jungen Leuten, erwiesen sich für uns als sehr produktiv. Brecht war ein Mensch, der allein nicht einmal in der Lage war, sich eine Fahrkarte zu kaufen. Da brauchte er die Hilfe seiner Mitarbeiter. Wenn sein Auto kaputtging, dann ging die Welt unter, weil er das nicht verstand. Wenn jemand von uns krank wurde, betraf ihn das sehr.

Brecht brauchte zum Denken das Gespräch, also den anderen Menschen. Er lebte also seine geschätzte Philosophie der Praxis auch im sogenannten Privaten. Denken war für ihn Sprechen, Diskutieren, Kritisieren, Entwerfen, Verwerfen usw. Ein Gedanke existierte für ihn erst, wenn er ausgesprochen war. Seine Neigung zum kollektiven Arbeiten lag nicht daran, dass er jemanden etwa ausbeuten wollte. Das ist ohnehin völliger Quatsch, was da geschrieben wird. Niemand fühlte sich von Brecht ausgebeutet, und niemand wurde ausgebeutet.

Für ihn war das Gespräch, das gemeinsame Fabulieren, Lachen, Spekulieren, auch Unsinnreden seine liebste Arbeits- und Lebensweise. Man war dann schnell bei Gott und der Welt. Er genoss die Sprünge vom Hundertsten ins Tausendste. Brecht lebte die Dialektik geradezu, die »Überraschungen der logisch fortschreitenden oder springenden Entwicklung, … de[n] Witz der Widersprüchlichkeiten usw.«[61].

In dem Gedicht *Vergnügungen*[62] nennt er neben dem ersten Blick aus dem Fenster am Morgen, dem wiedergefundenen alten Buch, dem Hund, dem Reisen, bequemen Schuhen und neben neuer Musik, die Dialektik an siebter Stelle der Vergnügungen.

Noch was Verrücktes: Brecht brauchte, um zu denken, das Gestische. Das war Brechts große Begabung. Um etwas zu denken, musste er es äußern. Um etwas zu verstehen, musste er es erfassen – im wahrsten Sinne des Wortes.

Später sagte er, für ihn sei im Theater nur das wertvoll, was sich zur Geste emanzipiere, also was nach außen komme. Innerliches hasste er. Wenn ein »Innenleben« sich besonders bemerkbar machen wollte: Seht her, was alles in mir ist, aber nicht sichtbar!, dann fand er es unangenehm. Dann bedränge der andere einen mit seinem Innenleben. Das solle er es für sich behalten. Und wenn dennoch jemand etwas Inneres sage, dann solle er sich wenigstens so äußern, dass sein Gegenüber damit etwas anfangen könne, dass es für diesen brauchbar wäre.

Auch das Innenleben muss sich gefälligst zur Geste emanzipieren. Nicht zum Nebel.

Zu seiner Jugendzeit fällt mir noch etwas ein: Ein Freund von mir, Hans-Ulrich Schmückle[63] aus Augsburg, war später Bühnenbildner an Piscators Volksbühne in Berlin. Mit ihm arbeitete ich in Zürich und später in Berlin zusammen. Er recherchierte in den sechziger und siebziger Jahren in Augsburg und ent-

61 Nachträge zum *Kleinen Organon*. In: GBA, Bd. 23, S. 290.

62 GBA, Bd. 15, S. 287.

63 Hans-Ulrich Schmückle (1916–1993), deutscher Bühnenbildner, war über Jahrzehnte Ausstattungsleiter des Stadttheaters Augsburg und arbeitete überdies mit zahlreichen renommierten Regisseuren wie Erwin Piscator, Manfred Wekwerth, Walter Felsenstein, Fritz Kortner und Harry Buckwitz.

deckte einen alten Fotografen. Dieser besaß Bilder vom jungen Brecht[64], bevor er nach Berlin ging. Wir guckten uns die Bilder an und waren fassungslos ob der herausfordernden Eitelkeit, die aus diesen Fotos sprach. Brecht im schwarzen Ledermantel, meistens mit Zigarre zwischen den Fingern oder im Mundwinkel. Außerdem hatte er sich mit einem Zettel in der Hand, auf den er schreibt, fotografieren lassen. Aber jedermann weiß, die Belichtungszeiten der Kameras waren so lang, dass er nicht schreiben konnte. Er musste also innehalten und ruhig stehen. So posierte dieser junge Mann, mit dem Stempel des Schwaben und des Augsburgers und mit Vorfahren aus den schwarzen Wäldern, der nicht mal richtig hochdeutsch, sondern Dialekt sprach. Es war offensichtlich, dass er mit aller Macht hoch hinauswollte und dass die Arroganz seine Provinzialität kompensieren sollte. Zugleich überspielte er seine unendliche Behutsamkeit.

Ich habe eines der Ledermantelbilder von ihm an der Wand hängen. Es zeugt von seinem auftrumpfenden Willen, allen zu zeigen: »Hier bin ich! Achtet auf mich!« Aber er schrie eben nicht wie Muhammad Ali[65]. Er schrie nicht, weil er von seinen Fähigkeiten überzeugt war, sondern er schrie trotz seiner selbst empfundenen Unzulänglichkeiten: »Ich bin der Größte!« Brecht besaß diese Frechheit, die meiner Meinung nach aus seiner großen Empfindsamkeit resultierte.

Meinen Sie, dass Brecht eine bestimmte Strategie verfolgte, um sich selbst in Szene zu setzen, sich gar in dieser Form zu vermarkten?

Seine Scheu war nicht inszeniert. Brecht war so, selbst bei den großen Erfolgen zum Beispiel in Paris bei der *Courage*. Die Leute jubelten, und Brecht zeigte sich eher peinlich berührt, obwohl ihm die allgemeine Begeisterung gefiel.

64 Gemeint ist die im Sommer 1927 in Augsburg entstandene berühmte Serie der Ledermantelfotos, die Fotograf Konrad Reßler fertigte.

65 Muhammad Ali (geb. 1942), US-amerikanischer Boxer; einer der erfolgreichsten Schwergewichtsboxer aller Zeiten, dessen Karriere durch großes Selbstbewusstsein geprägt war.

Ich gebrauche jetzt mal ein Wort von Immanuel Kant[66], den uns Brecht zwar ausgetrieben hat, aber er kannte ihn nicht richtig. Bei Kant gibt es den Begriff des »interesselosen Wohlgefallens«. Das wurde uns in der DDR immer als eine Kunst, die nichts bewirken will, dargestellt. Bei Kant war die Interesselosigkeit die Geschäftslosigkeit, das heißt, das ist eine Kunst, die nicht verkauft werden will. Ganz ähnlich auch Schiller in seiner berühmten Antrittsvorlesung[67] gegen die »Brotgelehrten«: »Der philosophische Geist findet in seinem Gegenstand, in seinem Fleiße selbst Reiz und Belohnung.« Eine Kunst, die nicht dazu gemacht ist, um Marketing hervorzurufen.
Brechts Bemühen würde ich als solches »interesseloses Wohlgefallen« bezeichnen, das heißt, er hatte Vergnügen daran, Leute zu ärgern und zu provozieren, auch wenn er es dann oft gar nicht tat. Er war sozusagen gehemmt, ein Rationalist zu sein, der etwas durchsetzt, etwas verkaufen will. Er war in seiner Polemik, auch später in der DDR, wo er oft polemische Artikel schrieb, letztlich immer zurückhaltend. Da waren wir viel aggressiver als er, und ich glaube nicht, dass Brecht Geld verdienen musste. Er behauptete ja immer, er hätte *Baal*[68] nur geschrieben, um Geld zu verdienen. Aber das waren lediglich Provokationen, um Leute zu ärgern. Das stimmte nicht und passte auch nicht zu seiner Arbeitsweise. Er arbeitete immer an mehreren Sachen gleichzeitig. Aber nicht, weil er so mehr verdiente, sondern weil er nicht bei einer bleiben konnte. Er arbeitete an ausklappbaren Tischen und ging an den Tischen vorbei und beschäftigte sich mit all den ausgelegten Projekten.

66 Immanuel Kant (1724–1804), deutscher Philosoph der Aufklärung. Vor allem aufgrund seiner Werke in den Bereichen der Erkenntnistheorie, der Ethik *(Kritik der praktischen Vernunft)* und der Ästhetik *(Kritik der Urteilskraft)* gilt er als einer der bedeutendsten Philosophen des abendländischen Denkens und als Wegbereiter der modernen Philosophie.

67 Gemeint ist die Rede *Was heißt und zu welchem Ende studiert man Universalgeschichte?*, mit der Friedrich Schiller im Mai 1789 seine historischen Vorlesungen in Jena eröffnete.

68 *Baal*, in erster Fassung 1918 entstandenes Drama; eines der frühesten Stücke Brechts, das, in Kontradiktion zum Expressionismus, den Habitus künstlerischer Genialität, die *Große Einsamkeit* parodiert.

Auffallend ist, dass Brecht einerseits mit seinem Augsburger Freundeskreis arbeitete, andererseits schon früh auch Kontakte zu bekannten Künstlern aufnahm, mit denen er eine Zusammenarbeit anstrebte. Das geschah mit Lion Feuchtwanger und ganz früh schon mit Karl Valentin.

Zu Karl Valentin fallen mir drei Dinge ein, die ich sehr früh erfuhr, da Brecht sie gern erzählte. Die erste war: Brecht wollte Valentin, vor dem er große Scheu und viel Respekt hatte, seinen kleinen Sohn Stefan vorstellen. Er rang seine Ängste nieder und sprach ihn dann mit Herr an: »Herr Valentin, das ist mein Sohn.« Valentin soll grimmig geantwortet haben: »Ich hatt scho gedacht, das is a Zwerg!«

Diese Art zu denken, zu sprechen und zu handeln, diese Grimmigkeit und dieser »Grant«, diese Kälte, kamen bei Valentin aus einer tiefen bayerischen Protesthaltung.

Die zweite Geschichte entstand, als Brecht zusammen mit Feuchtwanger[69] das *Leben Eduards des Zweiten von England* von Christopher Marlowe[70] in den Münchner Kammerspielen[71] inszenierte. Hier kommen viele Kriegsszenen vor. Sie wussten nicht, wie man die darstellen sollte. Sollten die Soldaten sich aufeinanderschmeißen, aufgeregt sein? Es ist sehr schwer, im Theater Kriege, also Kämpfe zu zeigen, ohne albern zu wirken. Sie versuchten es dann choreographisch, kamen aber nicht zurecht. Im Theater braucht man Zeichen. Da ging Brecht zu Valentin, den er seinen Lehrer nannte, und fragte: »Herr

69 Lion Feuchtwanger (1884–1958), deutscher Schriftsteller und zu Lebzeiten einer der meistgelesenen deutschsprachigen Autoren. Bereits 1918 entdeckte er das Talent des jungen Brecht, mit dem ihn von da an eine lebenslange Freundschaft verband.

70 Christopher Marlowe (1564–1593), englischer Dichter, Dramatiker des elisabethanischen Zeitalters; Brechts *Leben Eduards des Zweiten von England* aus dem Jahr 1923, das bereits wesentliche Elemente des epischen Theaters vorwegnimmt, ist eine Bearbeitung des gleichnamigen Stücks von Marlowe.

71 1911 gegründetes Theater, das unter Intendant Otto Falckenberg zu internationalem Ansehen gelangte. In den 1920er Jahren galten die Kammerspiele als wohl wichtigste deutschsprachige Bühne außerhalb Berlins.

Valentin, wir müssen Kriegsszenen zeigen. Wie zeigt man Soldaten im Krieg?« Valentin antwortete, man müsse die Soldaten einfach weiß schminken. Die anschließende Erklärung beschrieb Brecht wörtlich mit: »Angst ham's, bleich san's.« Von da an waren Soldaten, die kämpften, bleich geschminkt.

Für Brecht war dieser Ausspruch fast wie die Moses von Gott diktierte Gesetzestafel. Auch für die Arbeit im Berliner Ensemble wurde diese Idee zum Rezept: Wenn Kampfszenen gespielt wurden, waren die Soldaten bleich geschminkt und: »Angst hatten's.«

Die dritte Geschichte zu Valentin war Brechts Antwort auf die Frage nach seinen wichtigsten Lehrern. Er nannte drei: Hegel[72], aber nur dessen analytische Seite, nicht die spekulative, Marx und Valentin. Die drei waren für ihn gleichberechtigt. Das meinte er nicht ironisch. Von den dreien lernte er das meiste für sein Theater und fürs Leben überhaupt.

Valentin hatte eine Technik erfunden, Figuren, die er spielte, zu kritisieren, nicht indem er die Figur verdammte, sondern indem er ihre Eigenarten ins Extreme trieb. Wenn man Dinge kritisiert, verkleinert man sie nicht, sondern baut sie auf. Diese Philosophie begründete Brechts Arbeitsweise. Aus dem Laienspiel kommend, neigte ich immer dazu, negative Bühnengestalten, also zum Beispiel den Feldprediger der *Courage* oder den Mauler[73], für den Zuschauer schnell als negativ durchschaubar zu machen. Das ließ Brecht jedes Mal unwirsch werden. Er griff gerne zu Schimpfwörtern, verwandelte sie in einen der schönsten Flucher und verfiel ins tiefste Bayerisch. Und dann belehrte er mich mit dem schönen Satz: »Bevor man ein Denkmal stürzt, muss man es aufbauen.« Die Technik des Brechtschen Theaters besteht darin, Denkmäler so stark aufzubauen, dass die Leute feststellen: »Jetzt wird es unerträglich!«,

72 Georg Wilhelm Friedrich Hegel (1770–1831), deutscher Philosoph. Hegels Philosophie, die sich sowohl mit der Logik als auch mit der Naturphilosophie und der Philosophie des Geistes auseinandersetzt, gilt als zentral für den deutschen Idealismus. Sein Werk hat nachhaltigen Einfluss auf den Marxismus genommen.

73 Figur aus *Die heilige Johanna der Schlachthöfe*, einem in erster Fassung 1929 entstandenen Stück, das erst 1959 am Hamburger Schauspielhaus uraufgeführt wurde; vgl. auch Anmerkung 90.

und dann muss nicht er die Denkmäler stürzen, sondern die Leute lassen sie einstürzen. Das ist im Grunde eine Kurzfassung vom Brecht-Theater.

Auf den ersten Blick ist es sicher ungewöhnlich für einen werdenden Dichter, der an sich die höchsten Ansprüche stellt, den Komiker und Kabarettisten Valentin als sein Vorbild zu bezeichnen.

Valentin war ein Dichter. Ich bin neulich, wie man hier so schön sagt, ins Fettnäpfchen getreten, weil ich sagte, für mich sei auch Loriot[74] ein Dichter. In einer ganz anderen Klasse, aber Dichten heißt ja nicht nur Aufschreiben. Die Dialoge von Valentin sind große Clownsgespräche. Und dabei bildet sich die Komik eben aus der Unangemessenheit der gewaltigen Form gegenüber dem minderen Inhalt. Brechts Gefühle waren eben nicht *kalt*, also gering, sie waren sehr naiv und direkt. Das betraf auch seine Art zu lachen. Für ihn war es ein Kriterium für reale Darstellung, dass er Spaß daran hatte. Diese Neigung Brechts zu Mumpitz (wie Fontane es positiv nennt) und zu Clownerien ist fast vergessen. Brecht sagte einmal, die Tragödie nehme das Leiden der Menschen auf die viel leichtere Schulter als die Komödie. Valentin machte ja auch Klamotten, er musste ja sein Geld verdienen. Später, nach dem Krieg, bastelte er Haushaltsartikel, um für den Lebensunterhalt seiner Familie aufkommen zu können. Er war nicht mehr gefragt.

Ebenso früh wie für Valentin begeisterte sich Brecht für Charlie Chaplin[75], den er später in den USA kennenlernte.

Darüber hat er nicht erzählt. Ich kenne auch nur Brechts Arbeitsnotizen, aus denen hervorgeht, dass er ihn enorm verehrte. Ich habe in letzter Zeit auch

74 Loriot (geb. 1923), eigentlich Vicco von Bülow, Humorist, Karikaturist, Regisseur, Schauspieler und Autor.

75 Charles Chaplin (1889–1977), englischer Komiker, Schauspieler, Regisseur und Produzent. Brecht begegnete ihm persönlich in Hollywood.

mit jungen Schauspielern zu tun, mit Schauspielstudenten, die Valentin gar nicht mehr kennen. Im politischen Theater – in Anführungsstrichen –, also im linken Theater, herrscht die Meinung der Achtundsechziger, dass Humor auf der Bühne reaktionär sei, weil er verzeiht. Das ist natürlich der größte Irrtum, den Theater begehen kann. Stellt man heute in modernen oder modern gespielten Stücken Situationen trostlos dar, so lässt man die Schwärze der Handlung auf die Leute übergehen, ebenso wie die Langeweile. Die große Entdeckung von Chaplin war, dass Komödie auch eine Art ist, sich zu wehren, ja sogar die eigentliche Haltung des Protestes ist.

Chaplin hatte während der Dreharbeiten zum *Großen Diktator*[76], die ja über den Kriegsausbruch hinausgingen, die größten Schwierigkeiten. Die Leute und selbst Roosevelt waren der Meinung, man solle Hitler lieber nicht reizen, da man sonst die Lage der Juden in Deutschland noch verschlimmere. Chaplin, der den Film selbst finanzieren musste, war nahe dran, aufzugeben, doch er drehte weiter, selbst als seine Freunde ihn warnten, der Film sei entweder eine Provokation Hitlers oder eine Verharmlosung. Er aber blieb dabei, dass die Komödie das eigentliche »Sichwehren« sei. In seinen Notizen findet sich die Bemerkung: Das Tragische ist eine Haltung des Sichabfindens, das Komische die Haltung des Sichwehrens. Und er behielt recht. Der Film ist heute wahrscheinlich eine der schärfsten und tiefgründigsten Demontagen von Hitler. Hitler selbst, der den Film drei Mal angesehen haben soll, sah in dieser Lächerlichkeit die größte Gefährdung seiner Unbesiegbarkeit.

Wie verhält sich das bei Brechts Der aufhaltsame Aufstieg des Arturo Ui[77]*?*

76 *Der große Diktator*, 1940 entstandener Film, eine Travestie des faschistischen Deutschlands und Adolf Hitlers. Charlie Chaplin führte in diesem Film Regie und war der Hauptdarsteller.

77 *Der aufhaltsame Aufstieg des Arturo Ui*, 1941 geschriebenes Theaterstück von Bertolt Brecht. Das 1958 in Stuttgart uraufgeführte Stück ist eine Travestie auf Hitlers Machtergreifung. Die Hauptfigur Arturo Ui, ein Gangsterboss, zeigt den gangsterhaft-kriminellen Aufstieg der Nationalsozialisten.

Das Stück hatte eine ähnliche Wirkung. 1960 erhielt das Stück und die Inszenierung in Paris den großen Preis des Theaters der Nationen und den Pariser Kritikerpreis, weil man befand, dass faschistische Bedrohung selten in solcher Schärfe bewusst wurde wie durch diese clowneske Travestie. Und man verglich den Darsteller des Arturo Ui, Ekkehard Schall[78], mit Chaplin.

Die Inszenierung des Arturo Ui *1959 mit dem Berliner Ensemble, also drei Jahre nach Brechts Tod, war Ihr internationaler Durchbruch. Warum hat Brecht nicht selbst dieses Stück inszeniert, und warum kam es so spät zur Aufführung im BE?*

Brecht meinte, wir sollten uns erst gründlich mit dem Stück *Furcht und Elend des III. Reiches* befassen. Bevor man über die Nazis lacht, muss man über sie erschrecken, so der Meister. Aber zur Vorgeschichte der Inszenierung gehört auch eine Episode mit Ekkehard Schall, den ich im Sommercamp des Kulturbundes für Theaterleute, das alljährlich in Thüringen stattfand, kennenlernte. Schall wohnte in einem Hinterzimmer in der Ackerstraße in Berlin. Eines Nachts lasen wir bei einer Flasche Wodka Verbotenes. Schall, den Brecht auf meinen Vorschlag hin für *Die Gewehre der Frau Carrar*[79] als José[80] engagiert hatte, nutzte seine Stellung als künftiger Schwiegersohn Brechts, um in der Nacht einen Text zu entwenden, den der Meister streng unter Verschluss hielt: *Arturo Ui.* Wir lasen unter einer Funzel in der Ackerstraße und leisteten den

78 Ekkehard Schall (1930–2005), deutscher Schauspieler und Regisseur. Brecht holte Schall 1952 an das Berliner Ensemble. Er arbeitete dort bis ins Jahr 1995 und spielte mehr als sechzig Rollen. Seine Darstellung des Ui in Brechts *Der aufhaltsame Aufstieg des Arturo Ui* zählt zu den bekanntesten, und er wurde dafür mit Chaplin verglichen. Der Ehemann von Brechts Tochter Barbara Brecht-Schall war vierzehn Jahre lang stellvertretender Intendant des Berliner Ensembles.

79 *Die Gewehre der Frau Carrar*, 1937 uraufgeführtes Theaterstück Brechts, das den Spanischen Bürgerkrieg zum Thema hat. Das Stück wurde auch vom Berliner Ensemble inszeniert und 1953 als erste Aufzeichnung eines Theaterstücks im Fernsehen der DDR gezeigt.

80 Figur aus *Die Gewehre der Frau Carrar*, einer der beiden Söhne von Teresa Carrar.

Eid, den *Arturo Ui* auf die Bühne zu bringen. Es blieb allerdings zunächst bei dem Eid, denn als wir nach Brechts Tod auch *Furcht und Elend des III. Reiches* aufgeführt hatten, meinten die Intendanz und der Chefdramaturg Palitzsch, wir seien zu humorlos für eine Travestie. Den Ausschlag dafür dürfte unsere Inszenierung von Johannes R. Bechers *Winterschlacht*[81] gegeben hatten, in der Schall den jungen Hörder spielte. Wekwerth und Schall wurden danach von der Dramaturgie als »ideales Team für große ernste Stoffe« gefeiert.

Palitzsch setzte, mit der Drohung zu kündigen, bei der Weigel durch, dass er in Stuttgart den *Arturo Ui* inszenieren durfte. Trotz Wolfgang Kieling[82] in der Rolle des Ui wurde die Uraufführung zum Flop. Die Presse nannte den Grund: Humorlosigkeit.

Wir saßen nachts weiter in der Ackerstraße und arbeiteten sozusagen privat an dem Stück. Ekkes *Unlogik* in Gestalt von großartigen Nummern und unzusammenhängende Beobachtungen wollte mit meinem Drang nach Logik nicht zusammenpassen, bis wir wieder bei einer Flasche Wodka die Lösung fanden: Vielleicht war das Unlogische gerade die neue Logik: Die Nazis versprachen in ein und derselben Rede den Mietern die Mietsenkung und den Vermietern die Erhöhung der Mieten. Vielleicht waren Ekkes Absurditäten die neue Normalität. Vielleicht waren die clownesken Einzelnummern der *runde* Zusammenhalt des Stücks. Erst am nächsten Morgen merkten wir, dass wir den Schlüssel gefunden hatten: Die Absurdität war die neue Normalität, und Ekkes *Nummernprogramm* clownesker Art entsprach am besten der Einheitlichkeit, denn Zusammenhanglosigkeit wurde der neue Zusammenhang des Dritten Reiches. Helene Weigel nahm das Stück in den Spielplan für 1959, und Peter Palitzsch, zurück aus Stuttgart, entdeckte in den von uns erarbeiteten Szenen plötzlich »exzellenten Humor«. Er nahm mein Angebot, als Mitregisseur einzusteigen,

81 *Winterschlacht*, 1941 entstandenes Drama von Johannes R. Becher, das den Kampf um Moskau im Jahr 1941 thematisiert. Eine überarbeitete Fassung wurde am 12. Januar 1955 am Berliner Ensemble uraufgeführt.

82 Wolfgang Kieling (1924–1985), deutscher Schauspieler, der sowohl in Filmen der DDR als auch der Bundesrepublik sowie in internationalen Produktionen bedeutende Rollen verkörperte. Als er 1958 in der Uraufführung des *Arturo Ui* mitwirkte, war er schon bekannt.

gern an. In Berlin wurde die Inszenierung vierhundertsiebenundsechzig Mal gespielt und 1977 unter Protest des Publikums abgesetzt, weil Ekke, wie er sagte, Hitler zum Halse raushänge. Für mich sind Entstehen und Arbeiten ein Beispiel für gemeinsame Produktivität, die heute der Ellbogenmentalität gewichen ist. Anderswo spricht man von *trial und error*, was Vertrauen der Partner, was geminderte oder sogar unterlassene Empfindlichkeit gegen Kritik und Eingeständnis von Fehlern voraussetzt und eben echte Arbeit bedeutet. Dazu braucht es Schauspieler wie Ekkehard Schall.

Noch mal zurück zu Chaplin. Hat Brecht Ihnen gegenüber erwähnt, welche Chaplin-Filme ihm besonders gefallen haben oder was ihn an Chaplin besonders fasziniert hat?

Fasziniert hat ihn natürlich der Film *City Lights*[83], in dem ja die *Puntila*[84]-Idee steckt. Der Einfall von dem besoffenen Kapitalisten, der freundlich ist, wenn er getrunken hat. Wir haben mit ihm zusammen *Goldrausch*[85] gesehen. Ich erinnere mich besonders an diese Verfremdungsszene, als Chaplin vor Hunger einen Schuh wie delikaten Hummer isst. Das war für Brecht schauspielerische Meisterleitung. Er liebte das realistische Detail, und in der Komödie müssen alle Details ja noch genauer dargestellt werden, damit die Leute sie erkennen und lachen. Der Tragiker kann das Publikum langweilen, er hat ja keine Rückmeldung. Der Komiker hingegen braucht sofort die Rückmeldung. Darum besetzte Brecht die ernsten Rollen gerne mit Komikern.

Uns jungen Mitarbeitern wurden – so wie wir eine Leseliste bekamen, die wir abarbeiten sollten, übrigens mit der Bibel an erster Stelle – auch Filme

83 Dt. Titel: *Lichter der Großstadt*, 1931 entstandene Komödie, die Charlie Chaplin mit einer Tonspur, aber weiterhin im Stil eines Stummfilms drehte.

84 Das 1940/1941 entstandene Theaterstück *Herr Puntila und sein Knecht Matti* wurde am 5. Juni 1948 im Schauspielhaus Zürich uraufgeführt. Als Vorlage diente Brecht die (unveröffentlichte) Komödie *Die Sägemehlprinzessin* der finnischen Schriftstellerin Hella Wuolijoki, auf deren Gut Brecht während seiner Exilzeit in Marlebäck (Finnland) war.

85 1925 entstandene Stummfilm-Komödie von Charles Chaplin.

anempfohlen. Und darunter waren sowohl *City Lights* als auch *Goldrausch*. Brecht verehrte Chaplin sehr. Eisler[86] vermittelte eine Begegnung von beiden, und Chaplin besuchte die Uraufführung der englischen *Galileo*-Fassung 1947 in New York. Brecht war jedoch sehr enttäuscht, dass Chaplin damit nicht viel anfangen konnte.

Wir haben über die Vorbilder gesprochen, über den Freundeskreis aus der Jugendzeit. Jetzt möchte ich Sie zu den Frauen Brechts befragen. Einige haben Sie selbst kennengelernt, andere kennen Sie nur aus Erzählungen, auch von Brecht. Seine große Jugendliebe fand er in Augsburg, Paula Banholzer.

Paula Banholzer[87] hat Brecht angeregt zu schreiben und zu denken. Aber ich kenne sie nicht. Ich hab mit ihm auch nicht über sie gesprochen. Brecht sprach übrigens nie über seine Frauen. Es kam ganz selten vor, dass da mal was durchsickerte.

Einmal rief er mich nach Buckow, um so ein Damen-Problem zu lösen. Das war sehr selten bei ihm.

Die nächste wichtige Frau in Brechts Leben war Marianne Zoff[88]*, die er einst als die »schönste Frau Augsburgs« beschrieb?*

86 Hanns Eisler (1898–1962), neben Kurt Weill und Paul Dessau der bedeutendste Komponist, mit dem Brecht zusammenarbeitete. Eisler vertonte unter anderem Lieder Brechts und schrieb Bühnenmusik für seine Stücke, zum Beispiel für *Die Maßnahme*.

87 Paula Banholzer (1901–1989), erste große Jugendliebe Brechts, die er seit 1917 kannte. Mutter des gemeinsamen Sohnes Frank, der 1943 vierundzwanzigjährig als Soldat der Deutschen Wehrmacht an der Ostfront fiel.

88 Marianne Zoff (1893–1984), Opernsängerin und erste Ehefrau Brechts. Er lernte sie 1919 am Augsburger Stadttheater kennen, an dem sie engagiert war. Mutter der gemeinsamen Tochter Hanne.

Marianne Zoff habe ich auch nicht kennengelernt, ich kannte nur die Tochter, die Hanne,[89] schon seit langem. Zu tun hatte ich mit ihr nach Brechts Tod. Aber eines meiner großen Theatererlebnisse war die Uraufführung der *Heiligen Johanna der Schlachthöfe* von Gründgens[90] im Jahr 1959. Ich hatte einige Schwierigkeiten mit ihr, weil sie bei der Arbeit so viel Angst vor dem Berliner Ensemble hatte. Zu ihrem achtzigsten Geburtstag hielt ich in München die Laudatio. Darüber bin ich sehr froh. Wir hatten dann ein sehr herzliches Verhältnis. Wir berieten und unterstützten gemeinsam eine Jugendgruppe in Bremen, *Roter Pfeffer*.

Jetzt aber zu einer Frau, die Sie sehr gut kennengelernt haben, Helene Weigel.

Die spätere Weigel ist nicht die frühere. Früher galt sie als die lauteste Schauspielerin Berlins. Sie war eine expressionistische, verrückte Schauspielerin. Das war etwas, was Brecht, der vor allem Lauten zurückschreckte, überhaupt nicht lag. Die Weigel muss wie ein Hurrikan in sein Leben eingebrochen sein und wurde sehr bald schwanger mit Stefan.[91] Die riesige Differenz in der menschlichen und künstlerischen Anlage zwischen Brecht und Weigel bildete eine große Anziehungskraft. Die Weigel war anders als die anderen Frauen Brechts.

Nur als Witz: Wenn man damals in den fünfziger Jahren eine Frau anrief, merkte man sofort, ob sie mit Brecht zusammen war oder gewesen war. Da bildete selbst Elisabeth Hauptmann keine Ausnahme. Denn meist hauchten sie zunächst mit zarter, sanfter Stimme »Allo, allo?« ins Telefon. Wenn ich

89 Hanne Hiob (1923–2009), Schauspielerin; Tochter von Marianne Zoff und Bert Brecht.

90 Gustaf Gründgens (1899–1963), Schauspieler, Regisseur und Theaterintendant, führte bei der Uraufführung der *Heiligen Johanna der Schlachthöfe* dreißig Jahre nach Entstehung des Stücks am 30. April 1959 im Hamburger Schauspielhaus Regie. Die Titelrolle in dieser Inszenierung spielte Brechts Tochter Hanne Hiob.

91 Stefan Brecht (1924–2009), Schriftsteller; Sohn Brechts und Helene Weigels. Blieb nach Brechts Exil in den USA und wurde amerikanischer Staatsbürger.

dann sagte: »Hallo Elisabeth, hier ist Manfred«, dann wurde die Tonlage sofort tiefer geschaltet und das Gespräch ganz normal mit »Ach ja, hallo, wie geht's?« weitergeführt. Später fanden wir dann heraus, dass dieses »Allo?« auf Brecht wie ein Lockruf des weiblichen Geschlechts wirkte. Das klang in seinen Ohren unwiderstehlich, diese verliebte, schwärmerische Ergebenheit. Selbst die Rülicke[92], die ja nun eine kräftige Proletarierin war, lernte das schnell, »Hallo«, ohne h: »Allo.« Die Berlau war groß darin. Daran sieht man schon, welcher Frauentyp Brecht eigentlich ansprach.

Die Weigel aber war überhaupt nicht so. Sie gab sich nie fraulich unterwürfig wie die anderen Geliebten Brechts. Hier herrschte Geschlechterkrieg bis zum Schluss. Entsprechend reagierten die anderen Frauen denkbar entsetzt, als Helene Weigel verkündete, sie heirate Brecht. Sie hatte ihn den Rivalinnen vor der Nase weggeschnappt.

Brecht kam damals nach Berlin, hatte zwei Kinder von zwei verschiedenen Frauen, von Paula Banholzer und Marianne Zoff. Und dann kam noch das dritte Kind von Helene Weigel. Vorher war er wegen Unterernährung in der Charité. Und die Weigel brachte zusätzliche Unordnung in sein Leben. Aber sie lernte von Brecht schauspielerisch sehr viel. Was in der Biografie von Sabine Kebir[93] steht über ihre vermeintlich »asiatische Spielweise«, die sie in Polarität zu Brecht angeblich selbständig entwickelte, ist Blödsinn. Dass sie in der äußeren Erscheinung einem chinesischen Lohan glich, war ihr von Natur gegeben. Das hatte nichts mit ihrer Spielweise zu tun, die, man kann schon sagen, von fanatischem Realismus war bis in die alltäglichen Details auf der Bühne.

Brecht dressierte die Weigel allerdings auch manchmal auf der Bühne. Als

92 Käthe Rülicke-Weiler (1922–1992), deutsche Dramaturgin; seit 1950 Regieassistentin und Dramaturgin bei Brecht. Nach seinem Tod arbeitete sie freiberuflich und später auch als Professorin an der Hochschule für Film und Fernsehen Potsdam-Babelsberg; sie veröffentlichte zahlreiche theatertheoretische Schriften.

93 Sabine Kebir (geb. 1949), Autorin, Journalistin und Theaterwissenschaftlerin. Sie schrieb unter anderem Biografien über Bertolt Brecht, Helene Weigel, Ruth Berlau und Elisabeth Hauptmann. Ihre im Jahr 2000 erschienene Weigel-Biografie trägt den Untertitel *Abstieg in den Ruhm*.

ich zwei oder drei Jahre im Berliner Ensemble war, wurde *Die Gewehre der Frau Carrar* einstudiert, also das Stück, in dem die Weigel bei der Uraufführung in Paris die Titelrolle gespielt hatte. Daran arbeitete Brecht mit ihr. Sie weinte oft unbeabsichtigt auf der Bühne – ich hab später ja auch mit ihr gearbeitet –, weil sie, wie sie von sich sagte, nah am Wasser gebaut sei. Wenn sie sich zu sehr in eine Rolle einfühlte, kamen ihr die Tränen, und sie bemitleidete sich. Sie wollte immer, dass man sie davor bewahrt. Wir waren dann natürlich sehr vorsichtig mit ihr. Brecht hingegen ging mit einer Härte vor wie bei einem Dressurakt. Einmal war sie nach einer Probe absolut fertig, so dass sie richtiggehend zusammenbrach. Sie bat dann mich als damals Dreiundzwanzigjährigen zu sich ins Intendanzzimmer – ich hatte immer so ein Mutter-Sohn-Verhältnis zu ihr – und weinte furchtbar. Sie schluchzte, dass sie das nicht aushielte, wie sie geschunden würde, und fragte sich, ob sie sich das bieten lassen müsse. Es herrsche keine menschliche Beziehung mehr.

Das kam aber nur ein einziges Mal vor. Damals überlegte ich, was ich unternehmen könnte. Ich hätte zu Brecht gehen können, aber das habe ich mich, ehrlich gesagt, nicht getraut.

Sonst ertrug sie Brechts Verhalten mit einem zur Schau getragenen Stoizismus, der aber sicherlich viel mit Verdrängung zu tun hatte. Schließlich ließ Brecht ihre enorme Kraft in geregelte Bahnen münden, und so zeigte sich dann ihr großes Talent. Sie war eine Schauspielerin von unerhörter Kraft mit einer Zusammengenommenheit und Disziplin, die überwältigend waren. Gerade dadurch, dass die geballte Kraft ihrer ursprünglichen Wildheit nun diszipliniert war, erzielte sie diese ungeheure Wirkung. Aus dieser schauspielerischen Wandlung resultierte mit der Zeit auch eine persönliche Weiterentwicklung. Sie wurde, unverblümt gesagt, von der Götzendienerin, also von der Gehilfin bei der Verwirklichung seiner Stücke, zur Partnerin. Sie war auf der Bühne und im Leben dann von genialer Normalität und eine fanatische Realistin, von umwerfender Direktheit, aber großer Kunstfertigkeit.

Auch mit einer anderen Frau waren Sie später gut bekannt, mit Elisabeth Hauptmann. Brecht hatte sie schon in den zwanziger Jahren kennengelernt. Sie war eine wichtige Mitarbeiterin und auch Geliebte. Nachdem bekannt wurde, dass Brecht und die Weigel heirateten, soll sie einen Selbstmordversuch unternommen haben.

Darüber weiß ich nichts. Das hat sie mir nicht erzählt, und ich habe sie darauf auch nicht angesprochen. Aber es würde kaum zu ihr passen. Ich war eng mit ihr befreundet. Sie war eine sehr sensible Frau mit einer eigentümlichen Mischung aus Behutsamkeit und Bestimmtheit, wie ich sie selten bei einem Menschen entdeckt habe. Von ihr erfuhr ich mehr über Brecht als von ihm selbst.

Zu Elisabeth Hauptmann trug man seine Sorgen und Freuden, sie war eine Oase der in Theatern seltenen Freundlichkeit. Sie zeigte großes Verständnis und Bereitschaft, zuzuhören und zu beraten. Ohne sie wäre ich wahrscheinlich nicht am Berliner Ensemble geblieben mit den vielen Arroganzen, die man da erlebte, übrigens nie von Brecht.

Sie hatte damals für Brecht viel aufgegeben. Bis dahin hatte sie ein geordnetes Leben geführt, war Lehrerin für Englisch und wurde nun zur Mitarbeiterin, wie sie sich selbst bezeichnete. Später war sie auch Herausgeberin, aber sie war ja viel mehr. Sie baute sich um Brecht herum ihren Garten Eden auf, lebte in ihrer eigenen Welt, einer sehr ordentlichen Welt, einem Garten Eden der Vernunft, des Geschmacks, der Ästhetik, der Menschlichkeit. Und dieser Garten Eden zerbrach nun.

Denn Brecht war unstet, wenn auch kein Don Juan. Wie er seine verschiedenen Tische hatte und verschiedene Arbeiten brauchte, um sich zu aktivieren, sich zu stimulieren, brauchte er auch verschiedene Geliebte. Es ist unsinnig, ihm deshalb Machogebaren zu unterstellen. Ebenso wenig kann man ihm Brutalität, gar eine Schwarzenegger-Brutalität unterstellen. Er war kein *Terminator der Lyrik*! Das ist Unsinn. Der Wechsel war bei ihm kein sexistischer. Die Damen haben mir auch mehrfach gestanden, dass das Sexuelle nicht so enorm war. Die sprachen von fünf Minuten und hinterher gab es immer ein Stück Käse. Das kann also nicht der Grund gewesen sein für seine große Anziehungskraft.

Elisabeth Hauptmann war entscheidend an Brechts erstem Welterfolg beteiligt. Ohne sie hätte es Die Dreigroschenoper *nicht gegeben.*

Nein, wohl nicht. Sie entdeckte John Gays *Beggar's Opera*, übersetzte Szenen und brachte sie Brecht. Der wollte zunächst nichts davon wissen. Das war oft so: auch *Faust*[94] lehnte er ab und Goethe, den er übrigens Goethinger nannte, gleich mit.

Über *Faust* sagte er, das sei eine unerträgliche Bildungsrevue. Erst als er anfing, am *Urfaust* zu arbeiten, entdeckte er die Genialität des Sturm und Drang. Nun stellte er fest, dass der *Faust* ein ihm würdiges Kunstwerk sei. Und dasselbe galt für Kleist[95], der für ihn nur ein preußischer Junker war, der das Bürgertum von rechts kritisierte – bis er dann auf den *Zerbrochenen Krug*[96] stieß, weil die Therese Giehse[97], die ihn damals inszenierte, mit der Regie nicht zurechtkam. Plötzlich wurde Kleist zum Erfinder der gestischen Sprache und zum Überwinder der unlebendigen Ungestik der Weimarer Klassik. Brecht war begeistert von Kleist, und wir mussten Aufsätze schreiben über seine Verse. Und O'Casey[98] sei ein katholischer Nihilist, bis Brecht das erste Stück von ihm las. Dann zeigte er sich erstaunt, was das für ein großer Mann sei. Ähnlich war es mit John Gay, den er antiquiert und schrecklich fand und für die damalige wilde Zeit, Ende der zwanziger Jahre, ganz unsinnig. Elisabeth gab aber nicht nach, sie fiel ihm damit weiterhin auf die Nerven.

Das konnte Elisabeth. Sie war hartnäckig. Das war ihre zweite herausragende Eigenschaft. Sie war durchaus nicht dieser sanfte Engel der Vorstädte, wie die Biografin Sabine Kebir glauben machen möchte.[99] Elisabeth war schonungslose

94 1808 veröffentlichtes Drama von Johann Wolfgang von Goethe (1749–1832), wohl das am meisten zitierte Werk der deutschen Literatur. Eine erste, 1770 entstandene und als *Urfaust* bekannte Fassung wurde erst 1887 gedruckt.

95 Heinrich von Kleist (1777–1811), deutscher Dichter. Die Dramen *Das Käthchen von Heilbronn*, *Der zerbrochene Krug*, *Penthesilea* sowie seine Novellen *Michael Kohlhaas* und *Die Marquise von O…* gehören zu seinen wichtigsten Werken.

96 *Der zerbrochene Krug*, Lustspiel aus dem Jahre 1806 von Heinrich von Kleist. Das von Goethe 1808 uraufgeführte Stück zielt auf die bürgerliche Doppelmoral am Beispiel eines Richters.

97 Therese Giehse (1898–1975), Schauspielerin und Regisseurin. Arbeitete bereits in der Schweiz mit Brecht und spielte wichtige Rollen in seinen Stücken.

98 Sean O'Casey (1880–1964), irischer Dramatiker; Sozialist.

99 Sabine Kebir: Ich fragte nicht nach meinem Anteil. Elisabeth Hauptmanns Arbeit mit Bertolt Brecht. Berlin 1997.

Rationalistin, wenn es um Angelegenheiten ging, die sie als richtig erkannt hatte. Dann war sie knallhart und manchmal sogar zu rigoros.

Sie lag Brecht mit der *Dreigroschenoper*[100] unermüdlich in den Ohren und übersetzte immer wieder neue Abschnitte, bis er dann aus Spaß und Langeweile zu schreiben anfing und vor allem den Villon[101] dazunahm.

Ohne diese Penetranz von der Elisabeth gäbe es *Die Dreigroschenoper* sicher nicht. Aber geschrieben hat sie sie nicht. Sie übersetzte einige Szenen und dann, als Brecht darauf eingegangen war, die ganze Opera. Das ist aber nicht die *Beggar's Opera*, sondern in *Die Dreigroschenoper* sind einzelne kleine Szenen eingeflossen. Elisabeths Texte sind lustig, aber sprachanalytisch nicht mit Brechts Texten zu vergleichen. Das sind sehr sprachunkundige Leute, die das behaupten.

Sie kennen viele Menschen, die an diesem sensationellen Welterfolg der Dreigroschenoper *1928 mitgewirkt haben. Es gibt zahlreiche Legenden um die Vorgeschichte der* Dreigroschenoper. *Können Sie aus Ihrer Sicht erzählen, was sich bis zur Uraufführung hinter den Kulissen zugetragen hat?*

Zunächst glaubte niemand an dieses Stück. Auch Brecht nicht. Er betrachtete es als reine Fleißarbeit. Darum übernahm er auch viele Texte von Villon, was ihm ja nachher den Vorwurf des Plagiats einbrachte. Es war übrigens eine Ammer-Übersetzung[102], der er folgte und die er einfach in das Stück einbaute.

100 *Die Dreigroschenoper*, Bert Brechts und Kurt Weills bekanntestes Werk, am 31. August 1928 am Theater am Schiffbauerdamm uraufgeführt, im Londoner Bettlermilieu spielende Oper, zählt bis heute zu den meistinszenierten Stücken der Welt.

101 François Villon (1431 bis nach 1463), französischer Dichter, von großem Einfluss auf den jungen Brecht, der Villons Werke erstmals 1918 las.

102 1907 legte der Österreicher Karl Ludwig Ammer eine Übersetzung des fast vollständigen Gesamtwerks Villons vor. Brecht lernte dessen Dichtung über diese Edition kennen.

Der eitle Harald Paulsen[103], der den Mackie Messer gab, weigerte sich auf einer späten Probe zu spielen, weil alle anderen Rollen einen eigenen Auftrittssong hatten, nur Mackie Messer nicht. Er wollte aber ein Auftrittslied haben, schließlich war er ein Operettenstar. Ein guter übrigens. Da setzte Brecht sich hin und telefonierte mit Weill[104]. Unlustig schrieben sie über Nacht dieses Mackie-Messer-Lied für den »dusseligen, eitlen Fatzke von Paulsen«, wie Brecht sagte, der ihn nie leiden konnte. Letztlich entstand jedoch ein Lied, das Mackie Messer nicht selber singt, sondern das über ihn gesungen wird. Welche Enttäuschung für Paulsen! Es gab große Kräche auf der Probe, denn Paulsen wollte sein Auftrittslied singend die Treppe herunterkommen, wie in einer Operette üblich. Und nun wurde nur über ihn gesungen.

Der neue Direktor des Theaters, Ernst Josef Aufricht[105], war der Einzige, der an den Erfolg der *Dreigroschenoper* glaubte. Die Truppe war völlig zerstritten. Auch mit Kurt Weills Frau, Lotte Lenya[106], die bei der Uraufführung die Rolle der Jenny spielte, gab es Krach. Carola Neher[107], die das Stück zu unmodern, also ebenfalls antiquiert fand, war gegangen. Dann mussten sie sich ein »Mädel aus Dresden« holen, Roma Bahn[108], – das ganze Ensemble war ein einziges Sammelsurium. Elisabeth Hauptmann erzählte, es sei die

103 Harald Paulsen (1895–1954), deutscher Schauspieler, Sänger und Regisseur.

104 Kurt Weill (1900–1950), deutscher Komponist, schrieb in Zusammenarbeit mit Brecht unter anderem die Musik zur *Dreigroschenoper* und *Aufstieg und Fall der Stadt Mahagonny*.

105 Ernst Josef Aufricht (1898–1971), Schauspieler und Theaterregisseur. 1928 pachtete er das Theater am Schiffbauerdamm, das er mit der Uraufführung der *Dreigroschenoper* eröffnete und dessen Direktor er bis 1931 war.

106 Lotte Lenya (1898–1981), österreichische Sängerin und Schauspielerin, Ehefrau Kurt Weills, unter anderem als Interpretin von Brecht-Liedern bekannt.

107 Carola Neher (1900–1942), deutsche Schauspielerin und Ehefrau Klabunds. Sie war in der Uraufführung der *Dreigroschenoper* ursprünglich für die Rolle der Polly Peachum vorgesehen und spielte sie 1931 in der Verfilmung von Georg Wilhelm Pabst. Brecht hatte sie schon 1922 kennengelernt.

108 Roma Bahn (1896–1975), deutsche Schauspielerin; die Rolle der Polly in der Uraufführung der *Dreigroschenoper* verhalf ihr zu ihrem Durchbruch als Schauspielerin.

schlechteste Probenstimmung gewesen, die es je in einem Brecht-Stück gab. Und dann kam die Premiere.

Brecht und Engel[109] saßen während der Premiere im *Trichter*, einem kleinen Restaurant neben dem Schiffbauerdamm-Theater, wo man billig essen konnte. Brecht hatte hier seinen festen Platz. Die beiden bibberten und ließen sich laufend berichten, während die Premiere lief. Das Publikum zeigte zunächst keinerlei Reaktion. Die Stimmung war eisig. Brecht und Engel beschlossen kurzerhand, die Pause der *Dreigroschenoper* zu nutzen, um im zweiten Teil alle Songs zu streichen. Vor allem Engel war der Ansicht, die Songs verlängerten das Stück unnötig. Beide glaubten nicht, dass sie dem Publikum gefallen würden, und daher wollten sie das Stück nur noch schnellstmöglich über die Runden bekommen. Brecht war tatsächlich bereit, die Songs zu streichen! Doch dann erlebten sie diese ungeheure Überraschung, mit der überhaupt niemand rechnete. Beim *Kanonensong* begann das Publikum zu rasen und frenetisch zu applaudieren. Beifallsstürme erklangen, die Zuschauer trampelten, der Song musste sogar wiederholt werden. Von da an wurde jeder Satz beklatscht. Brecht konnte sich diese Begeisterung gar nicht erklären. Wäre nach dem *Kanonensong* nicht dieses Toben und Klatschen ausgebrochen, gäbe es vielleicht die restlichen Songs gar nicht mehr.

Die Genesis der Programmhefte ist bezeichnend für das Misstrauen, das Brecht diesem Stück entgegenbrachte. In der Uraufführung hieß es: »Ein Stück von John Gay, übersetzt von Elisabeth Hauptmann, bearbeitet von Brecht«. Dann rutschte Hauptmann als Übersetzerin unter den Teppich und es hieß: »von John Gay, bearbeitet von Brecht«. Dann hieß es: »von Bert Brecht nach John Gay«, und jetzt heißt es »von Brecht«.

Bei *Happy End*[110] dagegen waren sich alle hundertprozentig sicher, mit diesem Stück den Erfolg der *Dreigroschenoper* wiederholen zu können. Doch das wurde

109 Erich Engel (1891–1966), deutscher Film- und Theaterregisseur, inszenierte die Uraufführung der *Dreigroschenoper* am Theater am Schiffbauerdamm, wodurch er Bekanntheit erlangte.

110 *Happy End*, 1929 uraufgeführte Komödie von Elisabeth Hauptmann, die sie unter dem Pseudonym Dorothy Lane verfasste.

dann ein großer Reinfall. Hanns Eisler kommentierte: »Ein elend zusammengeschmiertes Stück.« Später schrieben wir *Happy End* zusammen mit Elisabeth Hauptmann noch mal völlig neu, um daraus einen Film zu drehen.

Wir sind noch bei dem Brecht der zwanziger Jahre. Sie haben vom Welterfolg der Dreigroschenoper *gesprochen, von den Frauen, den Ledermantelfotos, auch von seiner Frechheit und seinem Selbstbewusstsein. Brecht war provokant, alles andere als konventionell. Dazu gehört auch, dass er als linker Schriftsteller schöne Autos liebte; er hatte schon damals ein Kabriolett, einen Steyr.*

Er hatte den Wagen als Honorar für ein Werbegedicht erhalten.[111] Er baute damit einen Unfall, aus dem er eine Narbe davontrug, die auf einem Gipsabdruck ungefähr aus dem Jahr 1928 auf Brechts linker Wange zu erkennen ist. Sie sieht aus wie ein Schmiss von einer Mensur. Weil Brecht immer Angst hatte, die Leute könnten denken, er hätte einmal einer schlagenden Verbindung angehört, durfte ihn niemand von links fotografieren.

Sein Verhältnis zu Autos lässt sich folgendermaßen beschreiben: Er fuhr miserabel und eckte viel an. Ich fuhr öfter mit ihm. In den fünfziger Jahren besorgte er sich dann wieder einen Steyr. Es war ein altes Ding, das sehr schön aussah. Aber es war ständig kaputt. Wenn er von Weißensee zur Arbeit fuhr, dann rollte er mit dem Auto gegen das Stahltor und schob es so auf – und schon war wieder eine Beule drin!

Zur Erklärung entwickelte er die Theorie der Ästhetik des Gebrauchtseins. Jede Beule erhöhe den Wert des Wagens. Dabei war er nur zu faul, um auszusteigen. Dieses Auto war berühmt und versinnbildlichte Brechts Verhältnis zum Auto: Es war für ihn ein Gebrauchsgegenstand ähnlich wie ein Essbesteck.

111 Brecht schrieb 1927, im Geist der Neuen Sachlichkeit, das Gedicht *Singende Steyrwagen* (GBA, Bd. 13, S. 393). Den Erinnerungen Elias Canettis zufolge schickte er das Gedicht im Rahmen eines Preisausschreibens an den österreichischen Autofabrikanten Steyr und gewann dafür ein Kabriolett der Firma. Vgl. Elias Canetti: Die Fackel im Ohr. Lebensgeschichte 1921–1931. München/Wien 1980, S. 306 f.

In Buckow stand Brechts Auto immer am Wasser und im Regen. Eines Tages fuhren wir zurück und hörten merkwürdige Geräusche – seltsames Meeresrauschen und dazu quakte es. Wir konnten uns das nicht erklären. Ich sagte: »Brecht, schaffen Sie doch mal das Auto zur Werkstatt und lassen Sie mal nachsehen wegen dieser Geräusche. Die müssen doch irgendeinen Grund haben.« Nein, nein, das sei schon alles in Ordnung!

Später wurde es doch in die Werkstatt gebracht und der Sitz abgenommen – das war so ein durchgehender Sitz, wie die Wagen damals hatten –, und darunter hatte sich ein regelrechtes Biotop gebildet, Wasser mit Fröschen und Pflanzen.

Nachdem er den Steyr zu Schanden gefahren hatte, bekam er einen neuen BMW-Zweisitzer, der sich dann ja nicht BMW, sondern EMW nannte, also Eisenacher Motorenwerk. Es gab den Patentschutz. Es musste wieder ein Zweisitzer sein. Bei Autos zeigte sich Brecht ähnlich anhänglich wie bei seinen Liebhaberinnen. Er trennte sich höchst ungern. Auch wenn die Beziehung schon längst vorbei war, war er auf seine ehemaligen Freundinnen immer noch eifersüchtig. Genauso war das auch mit dem Auto. Er konnte sich einfach nicht vorstellen, ein anderes Auto als einen Zweisitzer zu fahren. So fragte er, als er aus der Emigration kam, herum und traf Autofreunde, die ihm das Auto gebraucht verkauften. Es war ein furchtbar klappriges Ding, sah aber sehr schön aus.

Manche behaupten, Brecht hätte einen Zweisitzer gehabt, weil er so ungern Leute mitnehmen wollte, was ich nicht glaube. Er hatte einfach Spaß am schnellen Fahren, obwohl er schlecht fuhr.

Der EMW war sein letztes Auto. Es hatte eine unangenehme Eigenschaft: Es wurde immer heiß. Uns bereitete das jedes Mal Angst und Schrecken. Wenn man mit Brecht, der nun wirklich kühles Theater machte, fuhr, wurde man von unten bei jeder Fahrt angeheizt. Aber Brecht behauptete, das störe ihn nicht. Hauptsache, es fahre.

Eine Sache fällt mir gerade ein: Als er einmal mit dem alten Steyr bei der Probebühne vorfuhr, kam ein Inspizient, ging um den Wagen herum und riss ihm den Wagenschlag auf. Brecht bedankte sich bei dem, der die Tür aufgerissen hat, kroch aber mühselig zur anderen Tür hinüber und stieg dort aus.

Probe zu *Der kaukasische Kreidekreis* 1954: Bertolt Brecht (m.), Manfred Wekwerth (v.); im Hintergrund Charly Weber

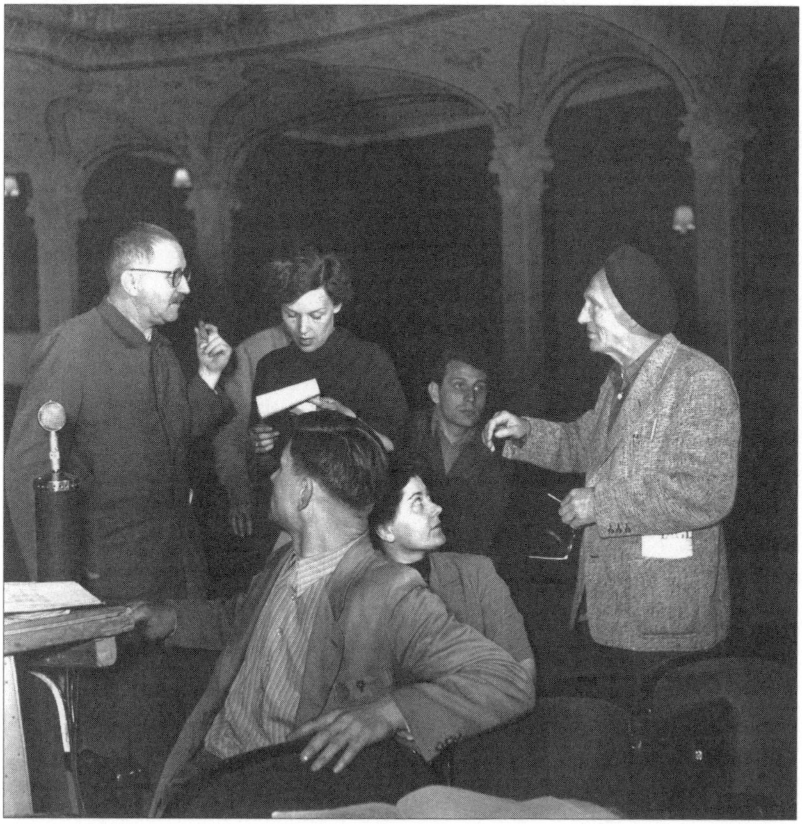

Probenfoto *Der kaukasische Kreidekreis* 1954: Bertolt Brecht, Isot Kilian, Hans Bunge, Käthe Rülicke, Manfred Wekwerth, Ernst Busch (v.l.n.r.)

Gastspiel *Der kaukasische Kreidekreis* 1954 in Paris: Wekwerth, Brecht, Busch, Isot Kilian (v. l. n. r.)

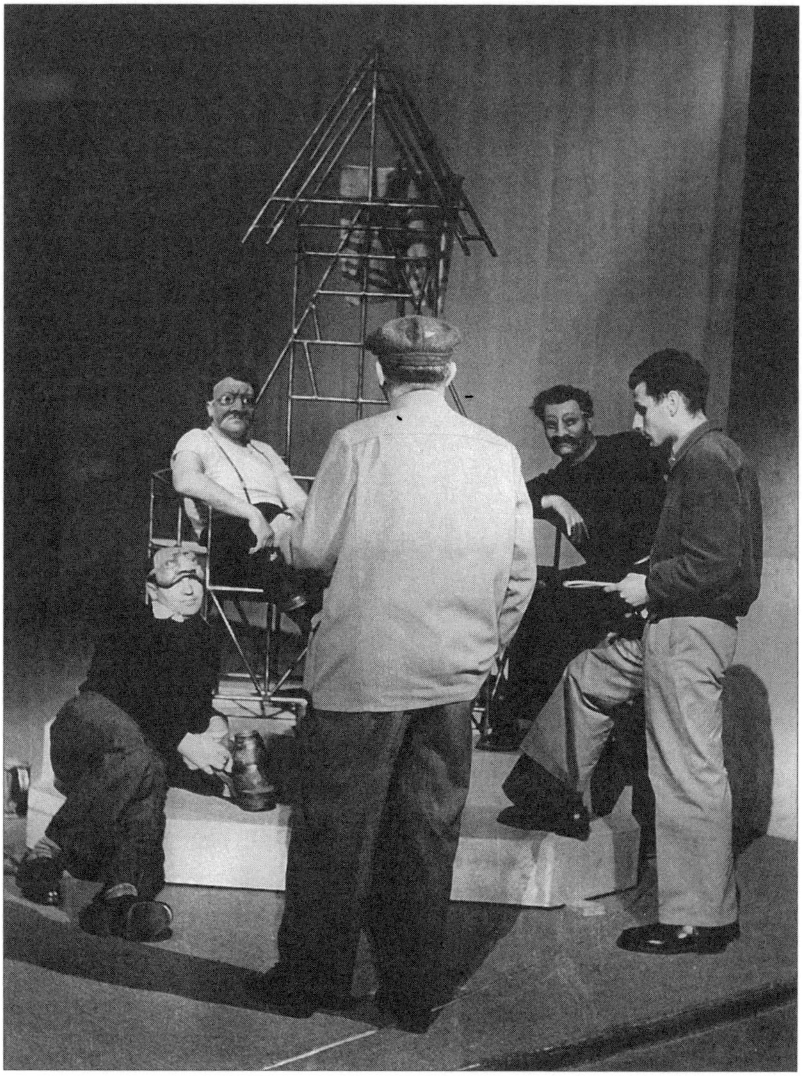

Kreidekreis-Probe 1956: Brecht (m.) und Wekwerth (r.)

Auf der Schiffbauerdamm-Brücke 1957: Edith Trecker, Manfred Wekwerth, Helene Weigel, Peter Voigt, Anna Elisabeth Wiede, Peter Hacks

Manfred Wekwerth (2.v.r.) und Peter Palitzsch (r.) bei einer Probe zu *Optimistische Tragödie* 1957

Probenfoto zu *Optimistische Tragödie*: Peter Voigt, Manfred Wekwerth, Stefan Lisewski, Gerd Biewer, Wolf Biermann (v.l.n.r.)

Probe zu *Der aufhaltsame Aufstieg des Arturo Ui*: Siegfried Kilian, Hilmar Thate, Ekkehard Schall, Manfred Wekwerth (v.l.n.r.)

Bühnenbildbesprechung zu *Die Tage der Commune* 1962: Manfred Wekwerth mit Joachim Tenschert, Karl von Appen und Christine Stromberg (v.l.n.r.)

Besprechung zu *Coriolan* 1964: Walter Braunroth, Helene Weigel, Matthias Langhoff, Joachim Tenschert und Manfred Wekwerth (v.l.n.r.)

Nach der Aufführung von *Der aufhaltsame Aufstieg des Arturo Ui* im Teatro La Fenice 1966 in Venedig: Hilmar Thate, Manfred Wekwerth, Paolo Grassi, Giorgio Strehler, Helene Weigel (v.l.n.r.)

Einladung »Gigi« Nonos und der Kommunistischen Partei 1966 während des Gastspiels in Venedig: Angelica Domröse, Hilmar Thate, Renate Richter, Manfred Wekwerth (v.r.n.l.)

Manfred Wekwerth bei einer Probe für *Die Mutter* 1967, links vorne Günter Naumann

Coriolanus am National Theatre London 1971: Szene mit Anthony Hopkins und Constance Cummings

Manfred Wekwerth mit Inge Keller (als Elisabeth) und Uwe Haus bei einer Probe für Shakespeares *König Richard III.* 1974 am Deutschen Theater

1973 in Bulgarien zu Dreharbeiten für *Zement*

Dreharbeiten zu *Zement* im Zementwerk Nietleben bei Halle 1973: Arno Wiszniewski, Joachim Tenschert, Manfred Wekwerth, Hilmar Thate

König Richard III. 1974 am Zürcher Schauspielhaus: Renate Richter, Manfred Wekwerth, Helmuth Lohner (v. l. n. r.)

Probe zu *Mutter Courage und ihre Kinder* 1978: Dieter Franke, Franziska Troegner, Manfred Wekwerth und Gisela May (v. l. n. r.)

Courage-Proben mit Franziska Troegner als stumme Kattrin

Courage-Proben mit Gisela May als Courage

Zum Brecht der zwanziger Jahre gehören die Provokationen, besonders gegen alles Etablierte in der Kunst und der Literatur. Als seinen Lieblingsgegner suchte er sich keinen Geringeren als Thomas Mann heraus. Welches Verhältnis hatte Brecht zu Thomas Mann[112]*?*

Brecht zeigte uns pornografische Gedichte, die er in der Emigration geschrieben und mit »Thomas Mann« unterschrieben hatte.[113] Wir reimten uns das zunächst nicht zusammen. Aber Elisabeth Hauptmann klärte uns auf: Das war die Rache Brechts an Thomas Mann, weil der ihn zu wenig würdigte. Wir fanden das ungeheuer lustig. Allein der Gedanke, dass man sich an jemandem rächt, indem man dessen Namen missbraucht, und zwar auf einem Gebiet, wo dieser Name am allerwenigsten etwas zu suchen hat. Brecht wusste natürlich von Manns Homosexualität und schrieb nun solch ungeheure Machogedichte. Thomas Manns Bücher hatte er nie richtig gelesen, die waren ihm zu lang und zu umständlich und nicht schnell genug in Brauchbarkeit umzusetzen. Brecht hatte die große, von anderen nie erreichte Fähigkeit, Bücher durchzublättern und zu wissen, was drinsteht.

Aber ich glaube, die Ursache für seine Feindseligkeit war nicht die Literatur, sondern das persönliche Verhalten von Thomas Mann. Die Gedichte waren die Rache an einem, der ihn nicht oder nicht genügend gelten ließ. Das hätte sich schnell geändert, wenn Thomas Mann in den USA Brechts *Galileo*-Aufführung besucht hätte, alles wunderbar und großartig gefunden und ihm gratuliert hätte. Dann wäre der *Doktor Faustus*[114] für Brecht vermutlich ein geniales bürgerliches Kunstwerk gewesen.

112 Thomas Mann (1875–1955), Schriftsteller, einer der bedeutendsten Romanciers des 20. Jahrhunderts. Brecht begegnete ihm einige Male Anfang der vierziger Jahre im Exil in Kalifornien, wo sich auch Mann aufhielt.

113 Gemeint sind die Gedichte *Sauna und Beischlaf* und *Über die Verführung von Engeln*. Vgl. GBA, Bd. 15, S. 193 f.

114 *Doktor Faustus. Das Leben des deutschen Tonsetzers Adrian Leverkühn, erzählt von einem Freunde*, zwischen 1943 und 1947 entstandener Roman Thomas Manns, der den nationalsozialistischen Barbarismus und dessen Vorgeschichte allegorisch deutet.

Merkwürdigerweise war Brecht auf ein paar Feinde sehr fixiert, auf die er sich konzentrierte, und dazu gehörte Thomas Mann. Er sprach ständig von ihm und ließ keine Möglichkeit aus, sich abfällig über ihn zu äußern.

Am 1. Mai 1929 war der sogenannte Blutsonntag, als der sozialdemokratische Polizeipräsident Berlins auf demonstrierende Arbeiter schießen ließ. Brecht war damals in der Wohnung des Soziologen Fritz Sternberg[115]*, der Folgendes schreibt: »Als Brecht die Schüsse hörte und sah, dass Menschen getroffen wurden, wurde er so weiß im Gesicht, wie ich ihn zuvor noch nie gesehen habe. Ich glaube, es war nicht zuletzt dieses Erlebnis, was ihn immer stärker zu den Kommunisten trieb.«*

Man muss, wenn man über Brecht spricht, immer Anlässe und Inhalte auseinanderhalten. Die Ereignisse dieses Tages waren ein Anlass, da bin ich sicher. Aber ähnlich wie bei Shakespeare sind die Anlässe für sich allein betrachtet nicht ausreichend. Betrachtet man lediglich den Anlass der Stücke, müsste man etliche in den Orkus schicken. Dann wäre *Coriolan*[116] lediglich monarchistisch und als Trauer um den Verlust der Königin Elisabeth zu verstehen, also als Ruf nach großen Helden, die die Plebejer zügeln.

Man fragt sich zum Beispiel immer, warum die Kattrin in der *Courage* stumm ist. Zu diesem Thema gibt es Dissertationen, die auf vielen hundert Seiten abhandeln, dass die Menschlichkeit im Krieg ohne Stimme sei. Brecht habe ein Zeichen setzen wollen für das Schweigen der Menschlichkeit im Kriege. Das

115 Fritz Sternberg (1895–1963), Soziologe, Philosoph und Wirtschaftstheoretiker, lernte Brecht 1927 kennen und schilderte die Begegnungen mit ihm in einem Erinnerungsbuch. Vgl. Fritz Sternberg: Erinnerungen an Bertolt Brecht. Göttingen 1963.

116 William Shakespeares *Coriolanus* (engl. *The Tragedy of Coriolanus*) entstand um 1607. Das Drama spielt Anfang des 4. Jahrhunderts v. u. Z. und handelt von dem römischen Patrizier und Kriegshelden Coriolanus, der sich gegen sein eigenes Volk wendet. 1952/53 schuf Brecht eine eigene Bearbeitung des Shakespeare-Stücks, konzipiert als die Tragödie des Glaubens an die eigene Unersetzlichkeit. Das Stück wurde zu Brechts Lebzeiten nicht aufgeführt. Die Inszenierung von Manfred Wekwerth und Joachim Tenschert im Jahr 1964 wurde zum Welterfolg.

stimmt natürlich. Der Anlass war aber ein ganz anderer: Die Weigel konnte kein Englisch. Doch als die Familie emigrierte, sollte sie in den USA Theater spielen können. So wurde die Kattrin, die sie spielen sollte, stumm gemacht. Insofern deckt sich der Anlass nicht mit dem Inhalt.

Und ebenso trieben nicht die Schüsse, von denen Sternberg spricht, Brecht zu den Kommunisten. Brecht wurde auch nie Mitglied der Kommunistischen Partei. Allerdings war er kurz in der USPD[117] und für mich auch später immer insofern ein Kommunist, als dass er am meisten das verkörperte, was Marx unter Kommunismus verstand, nämlich Dinge von der Wurzel her zu verstehen und zu verändern.

Aber ich glaube, Sternberg hatte insofern recht, als dass die Schüsse Brecht veranlassten, an den Auseinandersetzungen teilzuhaben und ein Stück wie *Die Maßnahme* zu schreiben, die ja für die Arbeiterchöre gedacht ist und auch von ihnen uraufgeführt wurde.

Der Schritt zu Marx war für Brecht von ungeheurer Bedeutung. Er kam mit den sozialen und ökonomischen Widersprüchen nicht zurecht. Dies wurde besonders in der *Heiligen Johanna der Schlachthöfe* deutlich. Elisabeth Hauptmann veranlasste ihn schließlich, im *Kapital*[118] zu lesen.

Für Brecht war das eine regelrechte Offenbarung. Plötzlich wurden für ihn Dinge durchschaubar und verständlich, die man bis dahin für gottgewollt oder Naturereignisse gehalten hatte. Dieses Leseerlebnis vom *Kapital* führte dann zu dem bekannten Satz: »Als ich Marx las, begann ich meine Stücke zu verstehen.«

117 Die Unabhängige Sozialdemokratische Partei Deutschlands wurde im April 1917 gegründet, hatte bis 1922 den Charakter einer wenn auch heterogenen Massenpartei und existierte bis 1931 lediglich noch als Splitterpartei.
Brecht schrieb von 1919 bis 1921 Theaterkritiken für die Augsburger USPD-Zeitung *Volkswille*.

118 *Das Kapital. Kritik der politischen Ökonomie*, Hauptwerk von Karl Marx; nach jahrzehntelangen Studien und einigen Vorarbeiten erschien der erste Band 1867 noch zu Lebzeiten von Marx. Nach dessen Tod gab Friedrich Engels 1885 und 1894 Band 2 und 3 heraus.

Ähnlich erging es mir in den Philosophie-Vorlesungen von Wolfgang Harich[119]. Wenn man da herauskam, sah die Welt plötzlich ganz anders aus: weiter, heller, heiterer. Ja, selbst der Himmel war höher.

Für Brecht begann, nachdem er mit Marx in Berührung gekommen war, bis 1933 eine sehr produktive Zeit. Es entstanden eine Reihe wichtiger Stücke, zunächst Aufstieg und Fall der Stadt Mahagonny[120]. *Was verbinden Sie mit diesem Stück?*

Das Stück war ein Aufruhr, ein ästhetischer Sturm auf die Bastille. Im Mittelpunkt steht das Thema der Käuflichkeit. *Mahagonny* ist eine Oper über den sich verselbständigenden Tauschwert der Gegenstände, die ihren Gebrauchswert verlieren und nur noch als Tauschwert auf dem Markt sind. Das ist das erste Kapitel im *Kapital*.

Brecht wollte über das erste Kapitel von Marxens *Kapital* übrigens eine Clownerie schreiben und mit Engel inszenieren. Der Tauschwert und der Gebrauchswert sollten um Herrschaft kämpfen. Das sollte in großer Absurdität hinführen zum Fetischcharakter der Ware.

Ebenso zeigt *Mahagonny* die totale Vermarktung oder die absolute Herrschaft des Tauschwerts. Der Mensch ist genau so viel wert, wie die Rechnung, die er nicht bezahlt. Auf der anderen Seite wird er durch sein Geld zu Gott.

Brecht selbst hat das Stück nicht mit dem Berliner Ensemble inszeniert. Hat er mit Ihnen über Mahagonny *gesprochen?*

119 Wolfgang Harich (1923–1995), Philosoph und Journalist; wegen »Bildung einer konspirativen staatsfeindlichen Gruppe« wurde er 1957 in der DDR zu einer langjährigen Haftstrafe verurteilt. Er war verheiratet mit Brechts Mitarbeiterin Isot Kilian, verfasste bedeutende Werke, zum Beispiel über Jean Paul und Friedrich Nietzsche sowie ökonomisch-ökologische Schriften.

120 *Aufstieg und Fall der Stadt Mahagonny*, 1927/28 entstandene Oper Brechts und Kurt Weills.

Er erzählte mir hauptsächlich von der Uraufführung in Leipzig, dieser großen Katastrophe.[121] In dieser Kaufmannsstadt muss er mit der Käuflichkeit irgendeinen Nerv der Leute getroffen haben, dass sie derart protestierten. Wenn die Aufführung ein Erfolg gewesen wäre, hätte ihm das sicherlich besser gefallen. Aber er deutete den Misserfolg auch positiv. Das steckte so in ihm drin. So maß er an der negativen Wirkung seines Stücks die Verkommenheit der damaligen Gesellschaft, die sich der Herrschaft der Ware, also des Tauschwerts völlig unterworfen hatte. Er sagte, er und Weill hätten damals sehr recht gehabt. Trotzdem führte er das Stück im Berliner Ensemble nicht auf, weil es ihm zu chaotisch war. Auch den *Baal* wollte er auf keinen Fall noch einmal aufführen, ebenso wenig durften wir das. Das Stück sei nicht weise. Wir führten in den Siebzigern dann beide Stücke im BE auf.

Ein anderes Stück, das in der Folgezeit entstand, war Die heilige Johanna der Schlachthöfe. *Was verbinden Sie mit diesem Stück?*

Eine schöne Geschichte, dass Gründgens 1932 in einem Brief nachfragte, ob er das Stück uraufführen dürfe. Brecht beantwortete den Brief nach dem Krieg nach fast zwanzig Jahren mit Ja.

Brecht liebte eine Geschichte sehr, die in der Antike spielt. Sie kommt auch im *Galilei* vor. Ein Ort in Griechenland wird besetzt, und die Einheimischen werden unterworfen. Ein Agent des feindlichen Königs nimmt einen Philosophen zur Seite und fragt ihn: »Willst du mir dienen?« Der Philosoph antwortet nicht, dient ihm aber, bereitet ihm gutes Essen, macht ihm das Bett. Es vergeht ein Jahr, es vergehen zwei Jahre, schließlich vergehen zehn Jahre. Dann stirbt der Agent, weil er so vollgefressen war. Der Philosoph hüllt ihn in Tücher, organisiert die Beerdigung, legt ihn ins Grab und sagt: »Nein.«

Brechts Zögern sollte indirekt wohl auch das Verhalten von Gründgens während der Nazizeit kritisieren. Das *Johanna*-Stück enthält sehr viel Clowneskes, Clowneskes im ernsten Sinne, weit entfernt von roten Pappnasen.

121 Die Uraufführung der Oper *Aufstieg und Fall der Stadt Mahagonny* am Opernhaus Leipzig am 9. März 1930 führte zu einem mit Tumulten begleiteten Theaterskandal.

Es zeigt die Wandlungen eines Menschen, der beginnt, ökonomische Prozesse zu verstehen und zu bewundern. Dazu gehören auch die Widersprüche und diese Travestie der Klassiker, diese Zerrissenheit des »zwei Seelen wohnen, ach, in meiner Brust«. Die benutzte Brecht auch in einer Analogszene im *Arturo Ui*. Aber es trieb Brecht nichts, das Stück selber zu inszenieren. Es löste in ihm stets ein gewisses Unbehagen aus. Darum überließ er es Gründgens. Zwar hätte das Berliner Ensemble die *Johanna* als großes Brecht-Stück gut brauchen können, aber die *Johanna* war zu konstruiert, zu sehr am *Kapital* entlang geschrieben. Man kann eine Dramaturgie nicht nach den ökonomischen Gesetzen bauen. Brecht schrieb das Stück während seines *Kapital*-Studiums, vereinfachte bestimmte Dinge und verwechselte andere, zum Beispiel ein Termingeschäft mit einer Wirtschaftskrise. Das fällt auch beim Inszenieren auf.

Es enthält aber wunderbare Szenen. Wir führten die *Johanna* dann zu Brechts siebzigstem Geburtstag auf. Die Weigel bestand darauf, dieses Stück zu wählen, angeblich das klassische Brecht-Stück. »Brechts Faust« wird es manchmal genannt, was ein Unsinn ist. Die Arbeitslosenproblematik war in der DDR damals völlig unbekannt, und die Analyse des Kapitalismus war zu lehrhaft. Ich traf damals den italienischen Regisseur Giorgio Strehler[122], der das Stück in Mailand inszenierte – es gibt übrigens noch ein Bild, wo Strehler auf mich einredet.

Strehler, ein genialer Regisseur übrigens, hatte die Idee, das Stück so zu spielen, dass man die Leute zunächst für den perfekt funktionierenden Kapitalismus einnimmt, besser: einlullt. An der Börse gab es damals, ehe man Computer und Handys hatte, eine Gestensprache, bestimmte Handzeichen für »annehmen« und »abstoßen«. Durch den Lärm in der Börse konnte man sich ja nicht phonetisch verständigen. So entwickelte man bestimmte Rituale. Deshalb saßen die Börsianer damals wie Schamanen und gestikulierten. Wir beschlossen, die Börse als perfekten, überwältigenden Gottesdienst mit sakraler Musik zu inszenieren. Wir stellten das ganze Stück in einen Flügel-

122 Giorgio Strehler (1921–1997), italienischer Theater und Opernregisseur. Bekannt wurde er vor allem mit seinen Brecht- und Shakespeare-Inszenierungen, die ihn zu einem der renommiertesten Regisseure Europas machten.

altar. Davon ging zunächst eine große Faszination aus. Wir inszenierten es so, dass wir am Ende alles zusammenbrechen ließen, aber nicht auf der Bühne, sondern beim Zuschauer.

Ich halte das bis heute für die einzig sinnvolle Form, das Stück zu spielen. Es sollte keine Parodie sein, die ständig durchblicken lässt, dass hier Wirklichkeitsverdreher und Profitmacher am Werk sind. Man sollte sie veredeln. Jacques Offenbach[123] demolierte in der *Schönen Helena*[124] die antiken Helden. Wir fanden es besser, nicht die Helden zu demolieren, sondern die Demolierung zu heroisieren. Der Zuschauer sollte bei der *Johanna* selbst der Faszination der Börsengeschäfte anheimfallen und entdecken, dass die Börse eigentlich ein Ort des Vatikans ist, ein verlagerter Petersdom. Das geht allerdings über Brecht hinaus.

Außer Mahagonny *und* Die heilige Johanna der Schlachthöfe *möchte ich auf ein Stück Brechts zu sprechen kommen, das Sie schon eingangs erwähnten:* Die Maßnahme. *Sie sagten, Brecht habe sich das Theater der Zukunft wie* Die Maßnahme *vorgestellt.*

Über dieses Stück haben Literaturwissenschaftler eine Reihe falscher Behauptungen aufgestellt: zum Beispiel, dass die Chruschtschow-Rede, diese Stalin-Geheimrede,[125] Brecht so belastet, so deprimiert hätte, dass er darüber krank geworden sei und *Die Maßnahme* deswegen für immer verboten hätte.

123 Jacques Offenbach (1819–1880), französischer Komponist. Er gilt als Begründer der modernen Operette als eigenständiges Genre des Musiktheaters. Berühmtheit in Europa verschaffte ihm vor allem die Operette *Orphée aux enfers (Orpheus in der Unterwelt)* im Jahr 1858.

124 *Die schöne Helena*, 1864 uraufgeführte Operette Offenbachs, mit einem Libretto von Henri Meilhac und Ludovic Haléry.

125 In einer vierstündigen Rede am 25. Februar 1956 auf dem XX. Parteitag der KPdSU kritisierte der sowjetische Regierungschef Nikita Chruschtschow den Personenkult um Josef Stalin, der drei Jahre zuvor gestorben war, und distanzierte sich von dessen Führungsmethoden.

Dieses Gerücht verbreitete auch die Mitarbeiterin Käthe Rülicke. Mit dieser Behauptung schob sie Brecht aber nur ihre eigenen Gefühle unter. Wir hatten die Rede besorgt, Brecht hatte sie gelesen und war nicht in Depression, sondern in Aufbruchstimmung geraten. Die Rede gab uns und vielen Leuten große Hoffnung. Schließlich mussten wir Stalin ja irgendwie loswerden. Da reichte es nicht, dass man theoretisierte, da war eine Katharsis notwendig. Irgendeine Gruppe wollte in der damaligen Bundesrepublik gleich nach der Geheimrede *Die Maßnahme* spielen. Das hatte einen Grund: Nur der politische Mord sollte gezeigt werden, da die eigenen Genossen angeblich den Tod des jungen Genossen verfügen.

Dieses Stück birgt im Grunde aber das Gegenteil. Es ist ein großes Gedicht der politischen Demokratisierung, auch der kommunistischen Bewegung. Hier muss Rechenschaft abgelegt werden. Das ist eine Maßnahme, die mit Stalin nichts zu tun hat. Stalin legte vor niemandem Rechenschaft ab. Außerdem wird gezeigt, dass nur unter ganz bestimmten Bedingungen konkret – konkret wie immer bei Brecht – die bittere Notwendigkeit besteht, diesen Mann auszulöschen, der es selber wünscht. Aber im Grunde handelt das Stück überhaupt nicht über politische Morde, sondern über die *Metaphysik der Sitten* oder über die *Kritik der praktischen Vernunft* von Kant. Von Kant gibt es den Satz, sinngemäß: Zwei Dinge sind es, die mich bewegen: Der gestirnte Himmel über mir und das moralische Gesetz in mir – und *Die Maßnahme* ist ja ein Lehrstück. Bei Brecht soll das Publikum die Lehre an den Spielern spielend erleben, all die Schwierigkeiten, die Widersprüche, und daraus lernen. Es ist ein Stück über Moral und zeigt, dass eine Moral abhängt nicht vom gestirnten Himmel, sondern von der konkreten Situation, in der sie entsteht und in der sie gebraucht oder eben missbraucht wird. Auch Moral ist in Wahrheit Brauchbarkeit.

Es ist im Grunde eine Paraphrase von Lenins Satz: »Unsere Sittlichkeit leiten wir von den Interessen des proletarischen Klassenkampfes ab.« Ernst Bloch[126] nannte Brecht einmal einen »Leninisten der Schaubühne« – was übrigens in

126 Ernst Bloch (1885–1977), deutscher marxistischer Philosoph, sein berühmtestes Werk ist *Das Prinzip Hoffnung* (1954–1959). Seit den zwanziger Jahren war Bloch mit Brecht freundschaftlich verbunden; er hat sich verschiedentlich über dessen Arbeiten geäußert.

vielerlei Hinsicht stimmt. Lenins Satz ist überhaupt keine Rechtfertigung von politischen Morden, sondern nur die Illustration der Tatsache, dass bestimmte, moralische Forderungen nicht feststehen, sondern entstehen.

Die Maßnahme soll zeigen, dass diese vermeintlich unveränderlichen moralischen Grundsätze unter bestimmten konkreten Situationen der Revolution nicht mehr ihre unbedingte Gültigkeit haben. Das ist der Sinn der *Maßnahme*. Aber damals sollte das nur zur Darstellung eines politischen Mordes gespielt werden. Deshalb untersagte Brecht dieser Gruppe die Aufführung. Von einem generellen Verbot war nie die Rede.

Was Brecht kurz vor seinem Tode meinte, als ich ihn nach dem Theater der Zukunft fragte, war Folgendes: Das Theater als Vermittlungsmethode, das Prozesse auf die Bühne bringt und von den Zuschauern kontrollieren lässt. Auch der Chor hat eine Kontrollfunktion. Diese Überlegung förderte eine weitere ästhetische Demokratisierung des Theaters. Die Zuschauermeinung floss ein in den Fortgang des Spiels, nicht aber als Dogmatik, die diesem Extremfall gilt. Theater sollte prinzipiell als Disput lehrhaft vorgetragen werden in der Art der *Maßnahme*, deren Gesänge zum Teil sehr apodiktisch sind. Sie sind genial komponiert von Hanns Eisler, mit großer Heiterkeit. Das Lied des Händlers, der *Song von der Ware*, ist auch heute sehr wirksam. In der *Maßnahme* steckt immer auch ein gehöriges Stück Heiterkeit, Helligkeit, und nicht die Düsternis politischer Morde.

Jetzt sind wir über die Stücke auch ins Philosophische abgeschweift. Zurück zum Konkreten. Brecht musste 1933 nach dem Reichstagsbrand ins Exil. Wie äußerte er sich über Hitler?

In Brechts Werken gibt es das Wort Hitler überhaupt nicht. Da steht »Anstreicher«, was auch kein glückliches Wort ist. Die schönste Bezeichnung für Hitler war meiner Meinung nach Gröfaz. Größter Feldherr aller Zeiten. Die stammt aber nicht von Brecht und entstand auch im Krieg. Brecht gehörte zu den wenigen, die den Faschismus nicht als Hitlerismus betrachteten, sondern als eine gesellschaftliche Bewegung, die vom Großkapital ausging, aber eben dann von den vielen im Alltag vollzogen wurde, wie Brecht in *Furcht und Elend* zeigt. Als wir den *Arturo Ui* inszenierten, entdeckten wir diesen berühmten

Brief, in dem von Papen[127] und Thyssen[128] den Reichspräsidenten Hindenburg[129] aufforderten, Hitler zum Reichskanzler zu machen. Brecht kannte den aber nicht.

Hitler war für Brecht eine Fokussierung von faschistischen Eigenschaften, aber nicht der Faschismus, und schon gar nicht die alleinige Ursache. Seine Angriffe auf Hitler waren nicht nur Angriffe auf den Dämon oder auf den Verbrecher, sondern gingen immer über die Person hinaus. *Arturo Ui* ist für mich, neben Chaplins Sauerkraut-Rede im *Großen Diktator*, die genialste Darstellung, nicht in der Nachahmung, sondern in der Konzentration Hitlerscher Demagogie. Das Stück ist nicht primitiv, sondern in seiner Raffiniertheit das Zutreffendste, was es in diesem Bereich gibt. Brecht kannte *Das Reich der niederen Dämonen* von Ernst Niekisch[130]. Er mochte es sehr, und ich halte es für eines der entscheidenden, wichtigen Bücher über den Faschismus.

127 Franz von Papen (1879–1969), deutscher Politiker; bis 1932 war er Mitglied der Zentrumspartei und wurde im selben Jahr von Hindenburg als Nachfolger von Heinrich Brüning zum Reichskanzler ernannt. Im Kabinett Hitler war er von 1933/34 Vizekanzler.

128 Fritz Thyssen (1873–1951) war ein deutscher Großindustrieller und einer der wichtigsten Finanziers der NSDAP. Gemeinsam mit einigen Industriellen und Bankiers forderte er Paul von Hindenburg in der sogenannten Industrielleneingabe im November 1932 auf, Adolf Hitler zum Reichskanzler zu ernennen.

129 Paul von Hindenburg (1847–1934), deutscher Militär und Politiker. Im Ersten Weltkrieg wurde er Generalfeldmarschall und Chef der Obersten Heeresleitung. Als Reichspräsident der Weimarer Republik ernannte er 1933 Hitler zum Reichskanzler.

130 Ernst Niekisch (1889–1967), deutscher Politiker und Schriftsteller, lernte Brecht flüchtig während der bayerischen Räterevolution 1918/19 kennen. Niekisch hatte sich öffentlich gegen Hitler ausgesprochen und versucht, Widerstand zu organisieren. Nachdem er 1937 von der Gestapo festgenommen worden war, wurde er 1939 wegen Hochverrats zu lebenslanger Haft verurteilt. Nach dem Zweiten Weltkrieg war Niekisch Mitglied der KPD und SED und Professor für Soziologie an der Berliner Humboldt-Universität. Er siedelte 1963 in die Bundesrepublik über. *Das Reich der niederen Dämonen*, seine *Abrechnung mit dem Nationalsozialismus*, erschien 1953.

Niekisch untersuchte den Faschismus nicht als Welle der Gewalt, die wie ein Tsunami über Deutschland rauscht, sondern überprüfte, wie er konkret im Einzelnen entsteht, wie Antisemitismus in jedem Menschen erzeugt werden kann.

Der Kulminationspunkt der Brechtschen Antifaschismushaltung ist die Rede auf dem Internationalen Kongreß zur Verteidigung der Kultur in Paris 1935[131], wo damals die geistige Elite der Welt zusammenkam. Es galt, eine Volksfront gegen Hitler zu gründen, was absolut notwendig war. Stalin hatte eingeschwenkt auf die Volksfront-Politik, und man wollte eine Einheitsfront gegen den Faschismus aufbauen. Brecht fiel aus der Rolle und hielt eine Rede, für die er selbst von Hanns Eisler scharf kritisiert wurde. Ich betrachte diese Rede heute als über die Maßen aufschlussreich, gerade auch im Hinblick auf unsere Zeit.

Er sagte: Sprechen wir von Grausamkeiten, sprechen wir von Barbareien, aber vor allem sprechen wir über Eigentumsverhältnisse. Dann erklärte er die Entstehung des Faschismus durch Eigentumsverhältnisse. Das ist eine klassische Marx-Analyse, die aber fast über Marx hinausgeht. Man verübelte ihm das damals sehr, weil viele der bürgerlichen Leute seine Meinung zu radikal fanden und für unangebracht hielten.

Das war auf dem Schriftstellerkongress in Paris, also in der Zeit, als Brecht bereits im dänischen Exil[132] war.

131 Auf dem I. Internationalen Kongreß zur Verteidigung der Kultur vom 21. bis 25. Juni 1935 in Paris, an dem er teilnahm, hielt Brecht die Rede *Eine notwendige Feststellung zum Kampf gegen die Barbarei*; vgl. GBA, Bd. 22, S. 141–146.

132 Am 28. Februar 1933 verließ Brecht Berlin und flüchtete über Prag, Wien und Zürich, schließlich auf Einladung der Schriftstellerin Karin Michaelis in die Nähe von Svendborg auf Fünen nach Dänemark, wo er sich mit seiner Familie und Freunden die nächsten fünf Jahre aufhielt. Im Mai 1933 wurden seine Werke von den Nationalsozialisten verbrannt, 1935 erkannte man ihm die deutsche Staatsbürgerschaft ab.

Ja, er war gleich am Tag nach dem Reichstagsbrand geflohen. Helene Weigel kam nach. Die Tochter Barbara[133] mussten sie zurücklassen. Man konnte sie erst später aus Deutschland rausschmuggeln.

Helene Weigel verwandelte sich nun, da sie kein Theater mehr hatte, von Brechts Lebensgefährtin in seine Lebenserhalterin. Sie hatten nur ihren Gemüsegarten, kein Geld – im Gegensatz zu Thomas Mann. Selbst Hanns Eisler hatte mehr Geld. Stücke, zum Beispiel *Arturo Ui*, wurden umgeschrieben auch für den Broadway, aber nie gespielt. Die *Mutter Courage* wurde von Metro-Goldwyn-Mayer[134] zwar gekauft, aber nicht zu dem Zweck, sie zu verfilmen, sondern um eine Verfilmung zu verhindern. Das brachte uns später in die schönsten Kalamitäten. Unser Film[135] durfte nur zehn Jahre lang gezeigt werden, weil Metro-Goldwyn-Mayer die Lizenz hatte und wir erst die Erlaubnis einholen mussten.

Helene Weigel behütete Brecht und fütterte ihn durch. Er war ein sehr bequemer Mensch und außerdem im praktischen, täglichen Umgang mit der Welt sehr unerfahren. Man hatte ihm immer vieles abgenommen. Dänemark betrachtete er immer nur als Zwischenstation; hier schrieb er viel.

Nach Dänemark folgte ihm eine andere Frau aus Deutschland, die er in Berlin kennengelernt hatte. Sie war für ihn sehr wichtig: Margarete Steffin[136]*, die in der* Mutter[137] *das Dienstmädchen gespielt hatte.*

133 Barbara Brecht (geb. 1930), Tochter von Helene Weigel und Brecht; sie wurde vor Hitlers Machtergreifung zu Brechts Vater nach Augsburg gebracht.

134 Metro-Goldwyn-Mayer (MGM), US-amerikanische Filmproduktions- und Filmverleihgesellschaft, gegründet 1924.

135 Gemeint ist die Verfilmung von *Mutter Courage und ihre Kinder* von Manfred Wekwerth und Peter Palitzsch aus dem Jahr 1961.

136 Margarete Steffin (1908–1941), Schriftstellerin und Übersetzerin; Mitarbeiterin Brechts. 1933 folgte sie ihm ins Exil und starb im Alter von dreiunddreißig Jahren in Moskau an Tuberkulose.

137 *Die Mutter*, 1932 uraufgeführtes Stück Brechts nach einem Roman von Maxim Gorki. Das Stück befasst sich mit der Russischen Revolution von 1905 bis 1907.

Das war eine sehr intensive Liebesbeziehung, wahrscheinlich Brechts intensivste überhaupt. Im wirklichen Leben war Steffin zwar kein Dienstmädchen, aber sie stammte aus dem Proletariat und sprach auch so. Brecht hielt sie immer an, viel zu erzählen. Dahinter steckte auch ein gewisser Fetischismus. Er hatte einen fast religiösen Glauben an die Arbeiterklasse, und daran ließ er auch nicht rütteln. Er zeigte keinerlei Skeptizismus, was uns später immer wieder störte. Selbst am 17. Juni 1953[138] sah er in den Demonstrierenden die Arbeiterklasse, die eines Tages den neuen Kapitalismus überwinden würde.

Wegen dieses Fetischismus war das Proletarische für ihn bei Steffin geradezu libidinös besetzt. Ihm gefiel der praktische Sinn, wenn er mit Intelligenz verbunden war, so wie später auch bei einer anderen Geliebten, Käthe Rülicke, die ebenfalls aus dem Proletariat stammte. Von Margarete Steffin schwärmte er in den höchsten Tönen, von jeder Geste, was sonst selten vorkam. Die Beziehung kann gar nicht so gut gewesen sein, wie er sie darstellte. Allerdings muss Margarete Steffin ihm eine große Hilfe gewesen sein, obwohl sie – wenn auch hochintelligent – sicher keine Intellektuelle war. Es war eher das sehr praktische Verhältnis zur Wirklichkeit, dieses praktische Denken und nützliche Verhalten der Leute aus dem Proletariat, was er ungeheuer bewunderte. Brecht zogen immer Eigenschaften an, die er selbst nicht hatte. Er war Utopist in vielen Belangen, ja, ein Romantiker. Margarete Steffin brachte ihn immer wieder auf den Teppich der Tatsachen, zog ihn zurück zur Basis, zur Klassenbasis des Proletariats: »Erst mal machen und dann reden!« Das behielt für ihn Gültigkeit bis zum Schluss. Seine Wertschätzung der Brauchbarkeit kam auch hier zum Ausdruck.

Ihre besonderen Fähigkeiten traten auch zutage, als sie das Dienstmädchen in der *Mutter* spielte. Meiner Meinung nach war sie keine große Schauspielerin, aber sie brachte doch einen ganz anderen Ton in das Stück, einen realistischen, sehr praktischen, machbaren, konkreten Ton, der Brecht gefiel.

138 In den Tagen um den 17. Juni 1953 kam es in der DDR zu Arbeitsniederlegungen, Demonstrationen und Protestaktionen, die als Aufstand des 17. Juni in die Geschichte eingingen. Es handelte sich um die erste Massenerhebung im Machtbereich der Sowjetunion.

Brecht prägte den schönen Satz: »Man begreift nur etwas, wenn man es verändert«, also wenn man praktisch tätig ist. Nach dieser Theorie handelte er in seinem Leben. Unter anderem erwuchs die Beziehung zur Steffin gerade aus Brechts fast religiöser Bewunderung der Arbeiterklasse. Er sah darin keineswegs die Heilsklasse, die die Menschheit befreien würde. Von dieser historischen Mission hielt er nichts.

Brecht war wenig religiös, was den Herrn Jesus betrifft oder auch die Dreifaltigkeit, den Heiligen Geist und Gottvater. Wenn aber jemand aus dem Proletariat kam, hegte er fast religiöse Gefühle. In der *Mutter* formulierte er einen Satz, den ich bis heute sehr anzweifle und auch schon ihm gegenüber angezweifelt habe, der lautet: »… wo ein Arbeiter ist, ist noch nicht alles verloren.«[139]

Angewendet auf die deutsche Geschichte wirkt dieser Satz fast wie Hohn. Man denke nur an die Rolle, die die Arbeiter bei den Nazis und deren Machtübernahme spielten. Denken Sie auch an die Arbeiter von heute. Der Satz stimmt einfach nicht.

Jedenfalls war Margarete Steffin, wenn Brecht über sie sprach, die »Entdeckung aus dem Proletariat«, die ihn nicht zuletzt deshalb faszinierte, weil sie wirklich aus den untersten Schichten kam, einem Milieu, das Brecht nicht kannte. Er studierte und beschrieb auch das sinnlich-praktische Verhalten des Proletariats zur Wirklichkeit.

Als Brecht auf der Flucht durch die Sowjetunion reiste, musste er Margarete Steffin, die an Tbc litt, todkrank in Moskau zurücklassen, wo sie kurz darauf verstarb. Das ist ein dunkler Punkt in Brechts Biografie, den selbst ich schwer überwinden konnte. Man kann ihm hier wieder unterstellen, er sei kalt und hätte sie als »unbrauchbar« abgehakt. Aber auch für ihn war dies ein schmerzhafter Einschnitt. Das war wahrscheinlich auch der Grund, weshalb er mit uns nicht viel über Margarete Steffin sprach. Aber wie hätte er die Todkranke mitnehmen sollen? Und es war die letzte Gelegenheit, Europa zu verlassen.

139 GBA, Bd. 3, S. 364.

In Dänemark bestimmte noch eine andere Frau Brechts Leben, die in gewisser Hinsicht das Gegenteil von Margarete Steffin war: Ruth Berlau. Sie haben sie sehr gut kennengelernt.

Für Helene Weigel war das nicht so einfach. Als die Familie mit Weigel, Kindern und der Steffin in die USA abfahren wollte, erschien auf dem Bahnhof noch eine Person, über die Brecht sehr bescheiden sagte: »Sie fährt mit.« Sie stammte aus der Upperclass, war gut erzogen, gut verheiratet und *Königliche Schauspielerin* am dänischen Nationaltheater, aber zugleich das, was man im besten Sinne eine Anarchistin nennt.

Für uns hat Anarchismus bis heute den Klang des Gewalttätigen. Übersetzt heißt Anarchismus aber nichts anderes als ohne Herrschaft, Herrschaftslosigkeit.

Ich hatte Ruth Berlau nie auf der Bühne gesehen, aber sie war ganz offensichtlich eine gute Schauspielerin. Vor allem aber war sie eine explodierende Welteroberin in dem Sinne, dass sie bekam, was sie wollte. Für sie begann das Ziel erst, wenn sie weit darüber hinausschoss. Dadurch wurden ihre Ziele aber oftmals sichtbarer als bei anderen. Und sie stellte sich immer wieder radikal selbst infrage.

Ich war drei Tage am Berliner Ensemble, als man mich zu »Frau Berlau« schickte. Sie hatte für Brecht das Fotografieren erlernt, weil in der Emigration die Fotografen nicht bezahlbar waren. Sie schoss sehr schöne Bilder, auch wenn es nur Amateurbilder waren.

Wir wurden zu ihr geschickt, um zu lernen, wie man Bilder betrachtet und daraus Modellbücher klebt. Das war für uns ein Horror! Zu einer einzigen Aufführung gab es etwa vierhundert Bilder, die so hintereinandergeklebt werden mussten, dass beim Umblättern eine Art Film entstand und ein Ablauf zu sehen war.

Ich wurde also hingeschickt, aber ich lernte das Bilderkleben nie. Stattdessen erzählte sie mir ihre ganze Geschichte, von den großen Zeiten mit Brecht und von ihrer Tragödie. Brecht wurde beschimpft und gelobt. Stalin wurde verdammt, obwohl sie auch mit dem Fahrrad nach Moskau gefahren war, um ihn in seinen guten Jahren zu sehen. Jedes Wort zeugte von ihrer haltlosen, wunderbaren Denkweise. Wäre sie in der Französischen Revolution aufgetreten, wäre sie wahrscheinlich die Sansculottin[140], die als Erste die berühmte Mütze aufsetzt und die Bastille stürmt. Ist sie dann aber in der Bastille drin, langweilt sie sich und muss etwas Neues anfangen. Sie war getrieben von einem unentwegten Bedürfnis nach Innovation und von einer ansteckenden und hochintelligenten, wenn auch inkonsequenten Tatkraft. Das ist etwas Wunderbares für junge Leute.

Als ich sie kennenlernte, war ich zweiundzwanzig, und sie war etwa Ende vierzig. Sie war zu dieser Zeit nicht mehr mit Brecht zusammen und hatte einen Heißhunger auf menschliche Beziehungen. Sie war eine faszinierende Frau. Sie sprach dieses merkwürdige Dänisch-Deutsch, in dem für uns immer Andersens[141] Märchenwelt mitklang. Und Brecht war eigentlich nicht Brecht, sondern *Brcht*. Und was Brcht alles war: Die verkörperte Zukunft und ein Schwein. Man wurde von all diesen Spannungen ungeheuer durcheinandergewirbelt wie in einem Kaleidoskop.

Ich trat als ziemlich normaler Mensch mit einer gewissen Bescheidenheit eines Abends in ihr Zimmer, und anschließend erschien mir die ganze Welt in neuem Licht: Ich erkannte Seiten an Trotzki[142], die ich nie zu zuvor gesehen hatte. Ich hörte Dinge, die ich nie zuvor gehört hatte, aber sofort begriff, nicht zuletzt weil Ruths Erklärungen immer verbunden waren mit einem wunderbaren Aquavit, den ich bis dahin nie getrunken hatte. Das steigerte sich: Von Glas zu Glas rückte die Weltrevolution näher, und ich war ein Held mittendrin! Zum Schluss holte Ruth eine alte Soldatenunterwäsche aus Bar-

140 Sansculotten wurden in der Zeit der Französischen Revolution die Pariser Arbeiter und Kleinbürger bezeichnet, die anders als die Adligen und der Klerus keine Kniebundhosen (sog. Culotte), sondern lange Hosen trugen. Die Sansculotten unterstützten die radikalen Jakobiner, weil sie bei ihnen ihre Vorstellungen von sozialer Gerechtigkeit verwirklicht sahen.

141 Hans Christian Andersen (1805–1875), dänischer Schriftsteller und Märchendichter. Seine Märchengeschichten wurden in mehr als achtzig Sprachen übersetzt; zu seinen berühmtesten zählen *Das hässliche Entlein*, *Die Schneekönigin*, *Die Prinzessin auf der Erbse* oder *Die kleine Meerjungfrau*, deren gleichnamige Skulptur im Hafen von Kopenhagen an den Dichter erinnert.

142 Leo Trotzki (1879–1940), russischer Revolutionär und Marxist.

chent, mit einem riesigen Schritt drin, und befahl: »Ausziehen! Anziehen!« Ich war viel zu besoffen, um das Ding anzuziehen, und flüchtete schnell aus ihrer Wohnung – aber als frischgebackener Weltrevolutionär. Meine Euphorie hielt drei Tage an, ehe ich ihre Worte zu reflektieren begann. Aber zunächst hatte sie mein Weltbild umgekrempelt.

Einem anderen Mitarbeiter war es weniger gut ergangen. Er blieb länger bei Ruth Berlau, die dann am nächsten Tag Brecht anrief und behauptete, der Mann habe sie vergewaltigt. Brecht, der von seinen Beziehungen nicht lassen konnte, beauftragte die Gewerkschaftsleitung, diesen »ungeheuerlichen Fall« zu klären. Doch wie soll das ein Gewerkschaftsmann klären? Der war ja nicht dabei gewesen!

Für mich als junger Mensch war Ruth eine kometenartige Gestalt im Aufstieg wie im Fall, und das blieb sie auch. Als ich wieder einmal bei ihr war, zeigte sie mir ein berühmtes Buch von Ernst Bloch über Hegel, *Subjekt – Objekt*[143]. Hier hatte Bloch ihr eine Widmung reingeschrieben: »Der großen Frau und Regisseurin, Ernst Bloch«, und da ich Interesse an dem Buch zeigte, schenkte sie es mir, und ich durfte es nie zurückgeben: »Ich kenne es, du musst es lesen.« Ich war mit ihr bis zum Schluss eng befreundet. Man konnte zu ihr kommen, wann immer man jemanden brauchte, sogar nachts um drei Uhr. Sie half auch aus, wenn man kein Geld hatte. Sie besaß damals im Gegensatz zu uns ein Auto, einen Volkswagen, und wenn man irgendwo hinwollte, ging man zu ihr und bat: »Borg mir mal dein Auto«, und man bekam es sofort. Aber es konnte auch umgekehrt passieren, dass Ruth nachts um vier anrief und schrie und drohte: »Komm her, und wenn du nicht kommst, weiß ich nicht, was ich mache.« Und dann ging man hin. Sie war das Gegenteil von Elisabeth Hauptmann.

Im Nachhinein betrachtet, verkörperte sie die Chaostheorie. Ihre Lebensart bewies, dass neue Dinge eben nicht nur diskursiv entstehen, nicht in der Abfolge kausaler Ereignisse, sondern so wie in dem berühmten Satz, dass der Flügelschlag eines Schmetterlings in – was weiß ich –, in Haiti einen Wirbelsturm in Florida entfacht. Durch diese völlige Unbeständigkeit ihres Denkens bewirkte sie um sich herum überall Aufruhr, Chaos und Wandel. Ihr Problem war allerdings, dass sie zum Schluss ziemlich viel trank.

143 Ernst Bloch: Subjekt – Objekt. Erläuterungen zu Hegel. Berlin 1951.

Über das Verhältnis von Brecht zu Ruth Berlau ist viel geschrieben worden. Wie haben Sie diese Beziehung erlebt?

Das Verhältnis war schwierig. Zunächst freilich steigerte diese Liebe Brechts Produktivität. Und Ruth Berlau war für Brecht am Anfang das, was man in der Chemie Katalysator nennt. Aber später war sie das dann eben nicht mehr – ganz im Gegenteil. Brecht wehrte sich gegen sie, trennte sich aber – wie die Briefe beweisen – nie. Er ging ab und zu zum Essen zu ihr, und sie schöpfte dadurch immer wieder neue Hoffnung. Er war vorsichtig, manche sagen, feige. Sie war eine echte Revolutionärin, aber keine aus dem Proletariat, sondern aus der – oftmals noch radikaleren – Upperclass, der sie den Rücken gekehrt hatte.

Und Brecht machte sich – er muss sie sehr geliebt haben – große Sorgen. Es gibt viele Briefe und Gedichte, in denen er direkt darüber schreibt. Er äußerte seine große Sorge und auch seine Enttäuschung darüber, dass sie sich oft gehen ließ, betrunken war und sich wirklich unverantwortlich benahm. Das ging so weit, dass sie einmal, als wir zusammen bei Brecht in der Chausseestraße saßen und arbeiteten, einen riesigen Pflasterstein durch die Glasscheibe warf. Die Scheibe zersplitterte, wir saßen wie erstarrt, waren völlig fassungslos und wussten nicht, was los war. Brecht wusste es sofort. Nach einem peinlichen Schweigen bat er mich: »Wekwerth, bitte bringen Sie Frau Berlau nach Hause.« Ich fand sie – natürlich angetrunken – vor der Tür. Zwischen der Chausseestraße und der Charitéstraße, wo sie wohnte, lagen allenfalls zehn Gehminuten. Wir brauchten aber zwei oder sogar drei Stunden, und Ruth erzählte mir ihre ganze Geschichte mit Brecht und allen Enttäuschungen. Sie hatte ein Kind von ihm bekommen, das gestorben war. Es hieß Michel[144], wie das Kind im *Kreidekreis*. Ruth war eine sehr gefährdete Person von ungeheurer Anregungskraft. Und ich habe selten einen Menschen von einer solchen Selbstvergessenheit erlebt.

144 1944 war Ruth Berlau von Brecht schwanger und brachte einen Sohn zur Welt, dessen Name Michel auf die Arbeit an *Der kaukasische Kreidekreis* 1943/44 zurückging. Das Kind wurde nur neun Tage alt.

Diese vielen Beziehungen Brechts zu anderen Frauen müssen für Helene Weigel sehr belastend gewesen sein. Im skandinavischen Exil war außer Ruth Berlau ständig Margarete Steffin dabei. Und auch in den Jahren in der DDR waren ständig Geliebte in Brechts Nähe. Wie ging die Weigel damit um?

Sehr souverän, zumindest nach außen hin. Wie heißt es so schön bei Franz Lehár[145]? »Doch wie es da drin aussieht, geht niemand was an.«[146]

Brecht wusste, dass er ohne die Weigel nicht existieren konnte. Ohne sie hätte er kein Theater machen können, wahrscheinlich hätte er nicht mal eine richtige Wohnung gefunden. Er hätte auch nicht ordentlich gegessen. Zum Schluss reduzierte sich die Beziehung auf diese sehr, sehr alltäglichen Dinge, die zum Überleben nötig sind.

Sie war oft allein. In Berlin hatten sie und Brecht getrennte Wohnungen. Doch dann kümmerte sie sich darum, dass sie in der Chausseestraße wieder zusammenzogen. Der Brecht oben, sie unten. Aber da waren die menschlichen Verbindungen schon auf das Notwendige reduziert.

Für uns war es immer unangenehm, dass Brecht die Weigel, die ja Theaterleiterin war, aus theoretischen, dramaturgischen Gesprächen ausschloss. Er wollte nicht, dass sie dabei war. Allerdings war sie diejenige, die ihm immer heftig widersprach. Brecht war in vielerlei Hinsicht utopisch und ließ sich hinreißen. Seine Gedanken waren so wie die Begeisterung des Ikarus: Plötzlich hat man Flügel und fliegt verzückt der Sonne entgegen, und dann stürzt man ab. Gerade in der Emigration begann Brecht sehr kompliziert zu schreiben – der Situation entsprechend. Die Weigel schenkte ihm deshalb einen kleinen Esel mit einem Schild um den Hals, auf dem stand: »Auch ich muss es verstehen.« Den Esel stellte sie ihm auf den Tisch und Brecht richtete sich danach. Für ihn war die Meinung der Weigel immer ein wichtiges Kriterium, ein Wahrheitskriterium.

Die Weigel hatte Brecht im Grunde die Emigration erst möglich gemacht,

145 Franz Lehár (1870–1948), österreichischer Komponist ungarischer Herkunft; heute in erster Linie bekannt durch seine Operetten.

146 Aus dem Lied *Immer nur lächeln und immer vergnügt* der 1929 uraufgeführten Operette *Das Land des Lächelns* von Franz Lehár.

indem sie sich von einer Schauspielerin zu einer *nurse* verwandelt. Das wusste Brecht auch.

Uns hat sie sehr leidgetan, obwohl sie sich ja nach Brechts Tod bitter an den Frauen rächte, vor allem an Ruth Berlau.

Die Lage im dänischen Exil war zunehmend schwierig, weil Nazideutschland den Krieg vorbereitete. Schwierig war sie aber auch wegen der Situation in Moskau. Freunde Brechts kamen immer mehr in Bedrängnis, und auch er wurde angegriffen. Da war einmal die Realismusdebatte[147]*, die von Georg Lukács*[148] *ausgelöst wurde, aber auch*

147 Bereits seit Beginn der dreißiger Jahre hatte Georg Lukács für einen bürgerlichen Realismus und gegen moderne Experimente in der Literatur plädiert. Die sogenannte Expressionismus-(Realismus-)Debatte wurde dann vor allem in den Jahren 1937 und 1938 in der von Brecht mitherausgegebenen Zeitschrift *Das Wort* ausgetragen. Auslöser waren im September 1937 Beiträge von Klaus Mann und Alfred Kurella über Gottfried Benn. Laut Kurella führte der Expressionismus zum Faschismus, was Mann verneinte. In der Folge beteiligten sich eine Reihe von Schriftstellern und Kritikern, insbesondere frühere Vertreter des Expressionismus, an der Debatte. Sie wurde durch Lukács' Essay *Es geht um den Realismus* im Juni 1938 (und Kurellas *Schlußwort* im Juli 1938) beendet. Lukács bestimmte abschließend expressionistische und avantgardistische Schreibweisen, insbesondere die Montagetechnik, als wirklichkeitsfremd und antihumanistisch. Als musterhaft und humanistisch wertete er die Werke Thomas und Heinrich Manns sowie Maxim Gorkis, der schon um 1934 den sozialistischen Realismus proklamierte.
Als Brecht sich im Sommer 1938 entschloss, mit einigen Texten in die Expressionismusdebatte einzugreifen, galt sie als abgeschlossen. Zu Alfred Kurella vgl. Anmerkung 255.

148 Georg Lukács (1885–1971), ungarischer Philosoph, Literaturwissenschaftler und -kritiker, gilt als einer der wichtigsten marxistischen Theoretiker des 20. Jahrhunderts. 1956 war er Kulturminister der Regierung von Imre Nagy und wurde nach der Niederschlagung des Ungarnaufstandes verhaftet und seiner Ämter enthoben. Zu seinen einflussreichsten Schriften zählen *Theorie des Romans* (1916) und *Geschichte und Klassenbewußtsein* (1923).

ganz konkrete Dinge. Carola Neher war verschwunden, Sergej Tretjakow[149] *wurde angeklagt. Äußerte Brecht sich Ihnen gegenüber zu den Moskauer Prozessen?*

Ich sprach mit ihm über Trotzki. Während der Arbeit war das schwierig, aber als er krank in der Charité lag, besuchte ich ihn. Ich hatte gerade Trotzki gelesen, und mir gefiel die Vorstellung der permanenten Revolution, die ja die einzig richtige ist. Das, was in Russland geschah, war der bescheidene Anfang einer Sache und nicht die *Vollendung*. Stalin hingegen erklärte die Revolution für beendet. Sie sei in einem Land machbar, und zwar aus einer Not heraus. Die Not dieser Revolution entstand durch das Ausbleiben der von Lenin erhofften Revolution in Deutschland und Frankreich. Mit Stalin konnte ich nie viel anfangen, weil der meiner Meinung nach alles zu sehr vereinfachte. Brecht aber erzählte mir ein Gleichnis: »Ich habe eine Virusgrippe und werde konventionell behandelt. Ich bekomme also Wickel und Liegen verordnet. Jetzt kommt jemand zu mir und sagt: In zehn Jahren bin ich so weit, bis dahin habe ich ein Medikament entwickelt, das heilt Sie binnen eines Tages, und zwar völlig. Wie finden Sie dieses Medikament?«, und dann beantwortete er die Frage selbst: »Das Medikament heilt die Grippe auf eindeutige, elegante, gründliche Weise, aber erst in zehn Jahren. Das jetzige ist unvollständig, hässlich, qualvoll. Die Heilungschancen sind gering, aber sie sind da. Wie soll ich mich entscheiden?« Ich fragte noch einmal nach, wie er das meine. Er erklärte: »Das ist die Vorstellung der Trotzkischen Welt – also der permanenten Revolution. Ich muss mich jetzt hier als Kranker entscheiden für die konventionelle Behandlung, ohne das Medikament in zehn Jahren, was ich nicht erleben werde, aus dem Sinn zu kriegen.«

Nach Stalins Tod prägte er das Bild von »Stalin als Motor und Stalin als Bremse«. Als Hauptverbrechen betrachtete er die Abschaffung der Dialektik.

149 Sergej Tretjakow (1892–1939), sowjetischer Schriftsteller und Publizist, setzte sich in der Sowjetunion für Brechts Werk ein; beide Autoren trafen sich 1932 und 1935 persönlich und standen im Austausch miteinander. Tretjakow wurde 1937 wegen angeblicher Spionage verhaftet und 1939 erschossen. Kurz nachdem Brecht vom Tod Tretjakows erfahren hatte, schrieb er über ihn das Gedicht *Mein Lehrer*; GBA, Bd. 14, S. 435.

Das war in theoretischen Dingen sein Haupteinwand. Wir fragten ihn auch nach den konkreten Dingen. Ob er wegen Carola Neher etwas unternommen habe. Er hatte wohl einen Brief geschrieben für die Neher, aber der war ohne direkte Vorwürfe verfasst. Eher in der Art, dass es natürlich schon schlimm wäre, wenn sie wirklich subversiven Tätigkeiten nachgegangen wäre, dass er sich das aber nicht vorstellen könne. Er stellte nicht die Verfahren infrage, sondern bezweifelte nur die Fakten. Zu dieser Zeit, also 1953, war unser Verhältnis zu Stalin schon sehr gestört. Wir fragten Brecht, warum er damals nicht deutlicher geworden war. Hinter der Vorsicht hatte die Sorge gesteckt, dass man, indem man Stalin schwächte, die denkbar größte Vorleistung für Hitler erbrachte. Für die Amerikaner war klar gewesen, dass Hitler ohne Stalin nicht zu besiegen war. Darauf hatte Brecht wohl Rücksicht genommen.

Aber für Tretjakow hätte Brecht ganz bestimmt mehr ausrichten können. Er war einer seiner Freunde, der in Berlin war und als japanischer Spion angeklagt wurde. Wir äußerten Brecht gegenüber unser Unverständnis über sein Schweigen. Aber eine Protestwelle zur Ermordung von Tretjakow hätte den Faschisten genützt, dadurch wäre die ganze europäische Linke, die 1935 zur Volksfront zusammengekommen war und die die Faschisten fürchteten, auseinandergefallen. Aber wahrscheinlich war das nicht der einzige Grund. Vielleicht war das auch nur eine Ausrede oder eine Inkonsequenz. Brecht war nicht immer konsequent.

Ich verstand auch diese allgemeine Anbetung Stalins nicht. Lion Feuchtwanger hatte ja ein Buch geschrieben, in dem er Stalin geradezu als den Erfinder der Demokratie darstellt. Stalin, der ein hochintelligenter und gebildeter Mensch war, was man immer vergisst, der auch viel las, beeindruckte die Leute. Viele Emigranten meinten, der Krieg wäre 1941, als Hitler die Sowjetunion überfiel, verloren. Dieser Glaube an die Unbesiegbarkeit Hitlers bekam mystische Züge, die Emigranten waren nicht mehr in der Lage, sich rational zu benehmen. Für Brecht war klar, dass nun – nach theoretischer Berechnung – das Ende in Sicht sein musste. Dann gab ihm ein Ereignis neuen Auftrieb, und zwar die Parade 1941, die Oktoberparade[150]. Stalin verließ Moskau nicht.

150 Gemeint ist die traditionelle Militärparade der sowjetischen Armee zum Gedenken der Oktoberrevolution am 7. November 1917.

Doch die Russen taten etwas, was wahrscheinlich für einen Militär potenzierte Sinnlosigkeit ist. Das wurde damals auch kritisiert. Sie sammelten die wenigen Truppen, die sie noch hatten, und die Panzer, die noch nicht fertig gebaut waren und in die anstelle von Sitzen noch Holzkisten eingebaut waren, und führten dann auf dem Roten Platz die Parade entschieden durch wie zu Friedenszeiten. Nur dass die Truppen konzentriert waren und von dort aus direkt an die Front zogen.

Glaube lässt sich nicht mit Rationalität bekämpfen. Ein falscher Glaube kann nur durch richtigen Glauben beseitigt werden, und dann kommt die Rationalität. Brecht hörte davon über das Radio. Außerdem hielt Stalin auch noch eine Rede. Er sprach mit Riesenpausen in diesem georgischen Dialekt. Das wirkte sehr zurückhaltend, und die Leute fertigten Psychogramme, dass sich in dieser Sprechweise seine Sicherheit ausdrückte. Ich bin der Meinung, Stalin konnte gar nicht anders sprechen. In dieser Rede steckte jedenfalls keine Verängstigung, keine Aufregung, keine Nervosität. Brecht schätzte Stalin weniger als Person denn als Symbol. Seine wirkliche Meinung drückt dieses letzte Gedicht, *Der Zar*[151], aus. Ich halte es für eines der bittersten und auch erschütterndsten Brecht-Gedichte.

Wir verstanden Brecht damals nicht, und er hätte, ohne die Koalition der Hitlergegner zu gefährden, mehr für Carola Neher in die Wege leiten müssen. Dadurch, dass man nichts unternahm, wurde Stalin diese Radikalität erst ermöglicht. In der Emigration in der Sowjetunion war es noch schlimmer. Wir hatten eine Personalleiterin, die war in der Emigration und wurde von Moskau damals nach Odessa gebracht. Die Deutschen mussten Moskau ja verlassen. Darunter war auch der Schriftsteller Johannes R. Becher. Es war ein ganzer Zug, der in Moskau losfuhr und in Odessa ankam. Doch bei der Ankunft fehlten einige Menschen, und keiner wollte es bemerken. Auch Becher hatte nichts bemerkt oder nichts merken wollen. Es wurde nicht darüber diskutiert, die Fakten wurden hingenommen. Bei Diskussionen im Schriftstellerverband

151 *Der Zar hat mit ihnen gesprochen*, entstanden 1956, enthält die berühmte ambivalente Formulierung bezüglich Stalin: »Der verdiente Mörder des Volkes«. GBA, Bd. 15, S. 300 f.

wurde bereits derjenige politisch schuldig, der bei einer politischen Rede rausging. Diese Verängstigung gab es eben, und das ist angesichts der Situation in der Sowjetunion noch zu verstehen. Aber Brechts Tatenlosigkeit in der Sicherheit von Santa Monica[152] nicht. Das ist vermutlich etwas, was ihn noch sehr beschäftigt hat bis zu seinem Tod.

Was hat Brecht Ihnen über das Exil in den USA berichtet? Damals lernte er ja nicht nur das politische System näher kennen, das er in Stücken beschrieben hatte, sondern auch die Filmindustrie in Hollywood. Was sagte er darüber?

Nur Schlechtes! Mich hat er später aus unerfindlichen Gründen zu seinem Filmdelegierten ernannt. Immer wenn ein Brecht-Film gemacht wurde, zum Beispiel in Wien der *Puntila* unter der Regie von Alberto Cavalcanti[153], bekam ich die feine Aufgabe, Brechts Interessen im Atelier zu vertreten. Brecht verstand vom Filmemachen überhaupt nichts, außer dass er ein guter Zuschauer war. Weder die spezielle Ästhetik des Films noch die Technik der Montage interessierten ihn. Viktor Schklowski[154], den ich persönlich kannte, ist für mich einer der wesentlichen Filmtheoretiker. Er erzählte mir für die Arbeit beim Film Bezeichnendes: Er und seine Kollegen suchten den Aufschrei eines Mannes für einen Stummfilm. Sie brauchten einen ungeheuren, zermürbenden, durch Mark und Bein gehenden Aufschrei. An den Regisseur erinnere ich mich nicht mehr. Der Schauspieler spielte diesen Schrei, aber das wirkte lächerlich. Schließlich fanden sie in den Archiven einen Mann, der gähnte. Dabei riss er den Mund sehr weit auf. Sie sahen sich das an und schnitten

152 Im Sommer 1941 fuhr Brecht mit seiner Familie via Moskau im Transsibirien-Express nach Wladiwostok. Vom Osten der UdSSR begab er sich mit dem Schiff nach Kalifornien, wo er bis 1947 in Santa Monica in der Nähe von Hollywood lebte.

153 Alberto Cavalcanti (1897–1982), brasilianischer Filmregisseur und Filmproduzent. 1955 verfilmte er in den Wiener Rosenhügel-Filmstudios Brechts *Herr Puntila und sein Knecht Matti*.

154 Viktor Schklowski (1893–1984), russischer Schriftsteller und Kritiker; einer der führenden sowjetischen Literatur- und Filmtheoretiker.

die Sequenz in den Film. Es wurde die erschütterndste Szene des Films überhaupt.

So etwas war Brecht absolut fremd, obwohl die Montage seiner Theorie entspricht. Aber dass solche Dinge im Film möglich waren, sah er ebenso wenig ein wie die bedeutende Rolle der Kamera. So gab er, als 1953 erstmals eine Inszenierung des Berliner Ensembles ins Fernsehen übertragen wurde, *Die Gewehre der Frau Carrar*, die strikte Anweisung, nur die Totale zu filmen. Weil die Totale die Bühnentotale zeigt. Die Totale im Film ist aber keine Totale der Ästhetik, sondern der Technik. Sie ergibt keine Totalität, sondern Unschärfe. Brecht übersah, dass der Zuschauer auch im Theater nicht still sitzt. Er sucht sich immer etwas Bestimmtes heraus, fokussiert auf der Bühne. Dieses Mitdenken durch die Kamera hat Brecht nie vollzogen.

Leider verliefen Brechts Filmprojekte unglücklich. Schon Ende der zwanziger Jahre sollte *Die Dreigroschenoper* verfilmt werden und *Die Beule*[155] heißen. Brecht wollte aber nicht das Stück verfilmen, sondern plante einen neuen Film. Der Filmfirma lag dagegen an dem Ruhm der *Dreigroschenoper*, die wollten keinen neuen Brecht-Film haben. Man kam nicht überein.

In Hollywood machte er mit Fritz Lang[156] den amerikanischen Film *Hangmen Also Die!*[157], der anders geplant war. Meiner Meinung nach wurden die Inhalte

155 Anfang September 1930 war das Exposé für *Die Beule. Ein Dreigroschenfilm* fertiggestellt. Das Filmexposé von Brecht blieb aber weitgehend unberücksichtigt, und die Filmgesellschaft begann ohne Einigung mit den Autoren mit den Dreharbeiten, woraufhin sie von Brecht und Weill verklagt wurde. Dennoch wurde der Film, unter der Regie von Georg Wilhelm Pabst, zu Ende gedreht und am 19. Februar 1931 in Berlin uraufgeführt.

156 Fritz Lang (1890–1976), Filmregisseur, Drehbuchautor und Schauspieler; setzte vor allem in der Stummfilm- und frühen Tonfilm-Ära neue ästhetische und technische Maßstäbe. Mit Filmen wie *Metropolis* (1927) oder *M – Eine Stadt sucht einen Mörder* (1931) schrieb er deutsche und internationale Filmgeschichte.

157 *Hangmen Also Die!* (dt. Titel *Auch Henker sterben*) aus dem Jahr 1943 gilt als einer der wichtigsten antifaschistischen Hollywood-Filme. Von Brecht stammen weite Teile des Drehbuchs, Regie führte Fritz Lang. Thematisiert wird das Attentat auf *Reichsprotektor* Reinhard Heydrich am 26. Mai 1942 in Prag.

hier politisch entschärft. Der Film ist trotzdem noch ein politischer Reißer und außerdem gut gemacht. Brechts heftige Kritik daran war überzogen. Auf der einen Seite liebte er nichts mehr als Reißer. Wenn man ihn nach großen Schriftstellern fragte, standen Raymond Chandler[158] und Dashiell Hammett[159] mit an erster Stelle. Wir mussten, um Englisch zu lernen, Chandler auf Englisch lesen, was ich nie tat, weil ich nicht gerne mit Wörterbuch einen Krimi lese. Auf der anderen Seite nahm er es dem Regisseur Fritz Lang aber übel, dass *Hangmen Also Die!* zu sehr ins Genre des Kriminalfilms abgedriftet sei.

Brechts Zorn auf Hollywood umfasste letztlich alle Bereiche des Filmgeschäfts; vor allem schimpfte er auf die Verflachung und Entschärfung der Geschichten und ihre Vermarktung. Die Abneigung war wechselseitig: Hollywood verfilmte kein einziges Brecht-Stück.

Auf der anderen Seite zeigte Brecht große Achtung vor Lang als Filmregisseur, obwohl er sich für die Produktion von Filmen nie recht interessierte, nur für die Resultate. Wir jungen Leute bekamen, wenn wir zu ihm kamen, eine Liste von Büchern, die wir lesen mussten. Darauf stand die Bibel ebenso wie Lukrez[160] und Upton Sinclair[161]. Zu den großen Filmen gehörte *M – Eine Stadt sucht ihren Mörder*[162] von Fritz Lang. Und da vor allem die Schlussszene, das Gangstergericht. Auf mich wirkte das so beeindruckend, dass ich in *Coriolan*

158 Raymond Chandler (1888–1959), US-amerikanischer Schriftsteller, wurde mit seinen düsteren Romanen um den Privatdetektiv Philip Marlowe zum Klassiker der Kriminalliteratur.

159 Dashiell Hammett (1894–1961), US-amerikanischer Schriftsteller und Drehbuchschreiber; gilt als der Begründer des amerikanischen Kriminalromans.

160 Lukrez (etwa 97–55 v.u.Z.), römischer Philosoph und Schriftsteller; Vertreter der Atomistik. Viele materialistische Philosophen der Neuzeit beziehen sich auf Lukrez' Philosophie. In der Lyrik gilt er als Schöpfer des lateinischen Lehrgedichts.

161 Upton Sinclair (1878–1968), US-amerikanischer Schriftsteller, in den USA besonders Anfang des 20. Jahrhunderts populär, aber auch in Deutschland durch zahlreiche Übersetzungen bekannt. Seine Werke gehörten zu Brechts Jugendlektüre.

162 Fritz Langs *M – Eine Stadt sucht einen Mörder* (1931) mit Peter Lorre in der Hauptrolle, eine der ersten Tonfilmproduktionen, zählt zu den bedeutendsten deutschen Filmen.

dann die Verurteilung des Coriolan exakt nach Fritz Langs Gangstergericht inszenierte. Und einer der ganz großen Filme, die Brecht liebte, war *Das Wunder von Mailand*[163] von Vittorio De Sica[164], den er selbst allerdings nicht mehr kennenlernte. Ich hingegen begegnete ihm später noch, als er im BE seinen Film *Die Eingeschlossenen von Altona* drehte.

In den USA sammelte Brecht nicht nur negative Erfahrungen, sondern es gab eine große Theaterinszenierung zusammen mit Charles Laughton[165], Galileo *im Coronet Theatre in Beverly Hills. Was hat Brecht darüber berichtet?*

Brecht bemühte sich, Laughton nicht zu sehr zu kritisieren; das weiß ich von Ruth Berlau. Denn Laughton war nicht nur ein fülliger Schauspieler, sondern auch ein (ge)wichtiger Kritiker. Und als er die amerikanische Übersetzung des *Leben des Galilei* las, weigerte er sich, in diesem Stück mitzuspielen. Ich weiß nicht, von wem die unsägliche Übersetzung stammte. Jedenfalls setzten Brecht und Laughton sich dann selbst hin und übersetzten Szene für Szene, indem Laughton jeden einzelnen Abschnitt spielte und Brecht ihn dann aufnotierte. Sie spielten übersetzend und übersetzten spielend – die ideale Form der Übersetzung.

Brecht selbst erzählte, dass Laughton diese Rolle mit größter Intensität anging. Und nichts wissend von Brechts Theorie, war er wahrscheinlich derjenige, der dessen Vorstellung vom Gestus, die bis heute Gegenstand wahnwitziger Missverständnisse ist, am genialsten umsetzte.

163 *Das Wunder von Mailand* (1951), italienischer Kinofilm von Vittorio De Sica. Der Film basiert auf der Novelle *Das Wunder von Bamba* von Cesare Zavattini, der auch das Drehbuch schrieb.

164 Vittorio De Sica (1901–1974), italienischer Schauspieler und Regisseur. Seine Regiearbeiten Mitte des 20. Jahrhunderts zählen zu den wichtigsten Filmen des Neorealismus.

165 Charles Laughton (1899–1962), britischer, ab 1950 US-amerikanischer Filmstar und Regisseur. Er arbeitete von 1944 bis 1947 mit Brecht an *Galileo* und spielte bei der Aufführung am 30. Juli 1947 im Coronet Theatre in Beverly Hills die Titelrolle.

Das müssen Sie genauer erklären: Was verstand Brecht unter Gestus?

Gestus ist eine Sprachschöpfung Brechts. Immer wieder ist Gestus mit Geste verwechselt worden. Das ist natürlich Quatsch. Kürzlich hörte ich in einem nicht unbekannten Theater einen nicht unbekannten, sich auf Brecht berufenden Regisseur, der ein Boxerstück inszenierte, sagen: »Mach mir mal den größeren Gestus und hol ganz weit aus, bevor du ihn k. o. schlägst.«

Brecht hat eindeutig gesagt, dass unter Gestus keineswegs Gestikulieren verstanden werden darf; es handelt sich nicht um unterstreichende oder erläuternde Handbewegungen. Es handelt sich um Gesamthaltungen.

Was es genau für das Theater bedeutet, habe ich erst durch den Komponisten Hanns Eisler verstanden. Eisler hat gesagt, Brecht habe das Gestische genauso entdeckt wie Einstein die berühmte Formel.[166] Die Sprache des Theaters ist der Gestus. Der Gestus, den der Schauspieler in einer bestimmten Situation als Gesamthaltung einnimmt, bestimmt alles andere: den Tonfall, die Gesten, die Körperhaltung, die Bewegung. Sogar die Sprache, das gesprochene Wort, wird erst verständlich, wenn ihr ein bestimmter Gestus unterliegt, denn erst durch ihn versteht man den wirklichen Inhalt des Gesprochenen, da man die Situation versteht. Ein Mensch zum Beispiel, der einem anderen Menschen dankbar ist, wird das Wort Danke anders sagen als einer, der mit Danke den Vorschlag zurückweist, ins kalte Wasser zu springen. Das Wort schön hat im rein sprachlichen Theater eine einzige Bedeutung, nämlich schön zu sein. Man lernt bereits auf der Schauspielschule, dass man das Wort schön auch schön auszusprechen habe (was übrigens auch Goethe in seinen *Regeln für Schauspieler* verlangt). Im *gestischen* Theater kann schön viel mehr bedeuten als nur schön zu sein, je nachdem, in welcher Haltung und in welcher Situation es gesagt wird. Das Wort schön kann durch die unterlegte Haltung plötzlich das Gegenteil bedeuten. Wenn jemand sagt: »Pump mir mal hundert Euro«, und ich antworte: »Na schön«, dann heißt »schön« keineswegs schön. Auch mit dem Ausruf eines Vaters: »Schön, was du da angerichtet hast!«, wenn der Sohn mit seinem Fußball die Fensterscheibe des Nachbarn zertrümmert hat, will

166 Vgl. Hans Bunge: Fragen Sie mehr über Brecht. Hanns Eisler im Gespräch. München 1970, S. 26 f.

der Vater kaum seine Freude zum Ausdruck bringen. Von dem Entsetzensruf »Eine schöne Scheiße!« einmal ganz abgesehen.

Übrigens stimmt Brecht hier mit Wittgenstein[167] überein, der sagt, dass die Bedeutung eines Wortes sein Gebrauch beim Sprechen sei. Die Dominanz des Gestus kann sogar über Versprecher retten. Als wir in den sechziger Jahren mit dem *Messingkauf*[168] nach Frankfurt am Main eingeladen waren, wurden auch Szenenbeispiele aus anderen Stücken gezeigt. So auch die Schlussszene von Brechts *Mutter*, in der die Weigel als Pelagea Wlassowa am Ende das berühmte Gedicht *Lob der Dialektik* spricht:

Wer noch lebt, sage nicht niemals!
Das Sichere ist nicht sicher.
So, wie es ist, bleibt es nicht.[169]

Die Situation war damals äußerst gespannt, da noch vor der Ankunft des Berliner Ensembles die CDU in ganz Frankfurt Plakate kleben ließ mit der Aufschrift: »Die Kosaken kommen.« Es herrschte also erwartungsvolle Spannung, als die Weigel zum *Lob der Dialektik* ansetzte. Offensichtlich war sie von der revolutionären Stimmung im Saal so bewegt, dass sie etwas ganz Falsches sagte: »Das Sichere ist nicht sicher. / So, wie es ist, bleibt es.« Als Regisseur wollte ich schon im Erdboden versinken. Das Publikum war aber von dem Gestus der Weigel mit der roten Fahne in der Hand und dem Kopf leicht angeschrägt so überzeugt, dass es mit donnerndem Applaus dafür dankte, dass die Erde nicht so bleibt, wie sie ist.

Diese Dominanz des Gestischen ist wahrscheinlich auch der Grund für das, was manche die *Magie* des Theaters nennen. Mit dieser Magie machte

167 Ludwig Wittgenstein (1889–1951), österreichischer Philosoph. Besonders Wittgensteins Arbeiten zur Logik sowie zur Philosophie der Sprache, insbesondere der *Tractatus Logico-Philosophicus* von 1921, hatten großen Einfluss auf die Geistesgeschichte des 20. Jahrhunderts.

168 *Der Messingkauf*, 1939 bis 1955 entstandene Dialoge Brechts, Gespräche über eine neue Art, Theater zu spielen; GBA, Bd. 22.2, S. 1110.

169 GBA, Bd. 11, S. 237 f.

ich einmal eine nicht unkomische Bekanntschaft. Die Physiker eines Instituts für Hochenergiephysik sahen eine *Galilei*-Vorstellung und hatten anschließend ein Gespräch mit dem großartigen Ernst Busch, dem Galilei-Darsteller. Man kam nach der Vorstellung in der Kantine zusammen. Busch, der nach hundert Vorstellungen des *Galilei* nicht nur der Meinung war, ein großer Schauspieler zu sein, sondern auch ein großer Physiker, sprach zur Verblüffung der Zuhörer sofort über moderne Physik. Und er tat dies mit dem leidenschaftlichen Gestus eines Lehrers, eben des Galilei. Die Physiker hörten fasziniert zu; es war immerhin die Physikerelite der DDR. Nach dreißig Minuten kam Busch zum Ende; die Physiker applaudierten und bedankten sich herzlich bei ihm.

Am nächsten Morgen rief mich der Direktor des Instituts an und sagte: »Manfred, da ist gestern etwas Merkwürdiges passiert. Der Busch hat doch gestern nach der Vorstellung eine halbe Stunde über Physik gesprochen, und ich habe erst am nächsten Morgen gemerkt, dass das alles Quatsch war.«

Ernst Busch spielte in der Berliner Inszenierung den Galilei. Nochmals zurück zu unserem Ausgangspunkt, der amerikanischen Inszenierung und Charles Laughton.

Genau. Darauf wollte ich eingehen. Brecht nannte den Gestus die eigentliche Sprache des Theaters. Laughton hatte diese Theorie, ohne sie zu kennen, so verinnerlicht, dass er, als sie mal nicht weiterkamen, die ersten Verse vom Ersten Buch Moses in verschiedenen Haltungen sprach. »Am Anfang schuf Gott Himmel und Erde. Und die Erde war wüst und leer, und es war finster auf der Tiefe; und Gottes Geist schwebte über dem Wasser.« Laughton spielte das Brecht vor: Einmal als Butler, der jemandem mit diesem Text dient, dann als Kellner, der die Erde einem Gast empfiehlt, dann als Farmbesitzer, der selber Gott ist, dann als Yorkshire (der gilt in England als beschränkt, ähnlich wie der Ostfriese in Deutschland), und dann als ein Soldat im Schützengraben. Ruth Berlau – das ist ihr Verdienst – schnitt diese Szenen mit einer Wachsplatte mit. Die Wachsplatte vererbte sie. Inzwischen ist sie bei mir gelandet. Ich spiele sie meinen Studenten vor als Beispiel einer Anwendung von Brechts Idee des Gestus, den man einer Sprache unterlegt.

Die Stühle, auf denen wir hier sitzen, sind übrigens eine Erfindung Laughtons und Brechts. Sie wollten keine Renaissancemöbel haben, sondern bequeme Stühle mit Armstützen, die transportabel waren – schließlich wollten sie damit auf Tournee gehen. Diese Stühle sind daher zum Zusammenklappen. Sie vererbten diese Stühle aus Hollywood dem Berliner Ensemble, das sie im *Galilei* und im *Coriolan* auf die Bühne stellte.

Immer wenn es bei einer Inszenierung Probleme gab, weil die Möbel zu pathetisch, zu barock oder antik schienen, dann landeten wir bei diesen Stühlen. Die Schauspieler bekamen schnell mit, dass man die Stühle zusammenklappen, ins Auto packen und klauen konnte. Darum war das Konversationszimmer bald leer. Helene Weigel ließ immer wieder neue Stühle anfertigen, bis eine kleine Manufaktur entstand. Schließlich spezialisierte sich ein Schlosser darauf und baute die Stühle in Massenproduktion. Und Helli verkaufte sie gewinnbringend für das Theater. Jetzt befinden sich solche Stühle in vielen Wohnungen.

Brecht war jedenfalls von der Zusammenarbeit mit Laughton ungeheuer angetan, nicht zuletzt weil Laughton seine Theaterideen in die Praxis umsetze. Trotzdem brachte die Uraufführung des *Galileo* leider nicht den erhofften Durchbruch am Broadway. Er schrieb ausführlich darüber in *Aufbau einer Rolle*[170].

Die Inszenierung des Galileo *fällt in die letzte Phase in den USA. Brecht wurde vor den Untersuchungsausschuss für unamerikanische Betätigungen*[171] *geladen. Zuvor war er vom FBI überwacht worden.*

Hat er Ihnen davon berichtet?

170 GBA, Bd. 25, S. 7–69.

171 Brecht geriet in den Verdacht, kommunistische Aktivitäten zu betreiben, weshalb er am 30. Oktober 1947 zum Untersuchungsausschuss für unamerikanische Betätigungen in Washington vorgeladen und verhört wurde. Die Frage, ob er jemals Mitglied einer kommunistischen Partei gewesen wäre oder noch sei, beantwortete Brecht wahrheitsgemäß mit Nein. Einen Tag später verließ er die USA.

Brecht interessierte sich schon in den zwanziger Jahren für Prozesse – die auch immer wieder in seinen Stücken vorkommen. Er kannte auch die Moskauer Prozesse[172].

Er meinte, dass er von einigen gelernt hätte. Er wusste über die Moskauer Prozesse wesentlich besser Bescheid, als er zugab. Das vermitteln manche Biografien bis heute falsch. Er nahm zum Beispiel die Schlussrede von Nikolai Iwanowitsch Bucharin[173] als Grundlage von Galileis Schlussrede: Die Selbstverurteilung. Es gibt von Brecht den missverständlichen Satz: »Wenn sie zugeben, dass die Geständnisse stimmen, haben die den Tod verdient.« Daraus schlossen manche Leute, dass Brecht die Prozesse billigte. Das trifft aber überhaupt nicht zu. Brecht ging davon aus, dass die Geständnisse nicht stimmten.

Auch in dem Verhör vor diesem Untersuchungsausschuss übernahm Brecht etwas von Bucharin. Bucharin verfälschte in seinem Geständnis sein Geburtsdatum und setzte so ein Signal, dass das Geständnis nicht stimmte. Brecht wandte bei dem Verhör eine schwejksche[174] Taktik an. Er bajuwarisierte sein Englisch, so dass sogar ich, der ich schlecht englisch spreche, ihn bis heute glänzend verstehe. Durch die Art und Weise, wie er antwortete, widerlegte er immanent die ganzen Geschichten.

172 Als Moskauer Prozesse werden vier Gerichtsverhandlungen in Moskau zwischen 1935 und 1938 bezeichnet, in denen hohe Partei- und Staatsfunktionäre wegen staatsfeindlicher Aktivitäten angeklagt wurden.

173 Nikolai Iwanowitsch Bucharin (1888–1938), sowjetischer Politiker, Wirtschaftstheoretiker und Philosoph, wurde 1937 wegen angeblicher Spionage und eines Komplotts gegen Stalin verhaftet und im dritten Moskauer Prozess vom 2. bis 13. März 1938 zum Tode verurteilt und erschossen.

174 *Die Abenteuer des braven Soldaten Schwejk* (1920–1923), antimilitaristisch-satirischer Roman des tschechischen Schriftstellers Jaroslav Hašek (1883–1923). Schwejk schlägt sich mit Witz und Fantasie durchs Leben und versucht sich als Soldat der österreichisch-ungarischen Armee im Ersten Weltkrieg dem Kriegseinsatz zu entziehen. – Brecht schrieb 1943 sein Bühnenstück *Schweyk im zweiten Weltkrieg* in Anlehnung an Hašeks Roman.

Die Situation war damals für ihn sehr ernst. Er stand in den USA kurz vor der Internierung. Hat er berichtet, wie kritisch es damals aussah?

Für ihn war das ein Tanz auf dem Hochseil. Dabei kam ihm vieles zugute, von Valentin bis Hegel und Lenin. Vor allem machte er sich die Valentinsche Art, diese depperte Art zu antworten, zunutze. Später sagte er öfter in der Inszenierung, wenn Fragen besonders gefährlich seien, seien die depperten Antworten die besten. Rückblickend betrachtete er diesen Prozess sicher viel heiterer, als er gewesen war. Damals sah es für ihn wirklich eng aus. Ich glaube aber nicht, dass er bewusst mit der Strategie »Ich bin jetzt Schwejk« zu den Prozessen ging. Er verteidigte sich selbst auf seine Art und idealisierte sich später ein bisschen. Aber es war offensichtlich, dass er in großer Sorge war. Und Brecht war bestimmt kein militanter Mensch und vor allem auch kein kühner. Später wurde ihm Feigheit vorgeworfen, weil er gesagt hätte, er sei nie Kommunist gewesen. Das behauptete er aber gar nicht, sondern lediglich, dass er nie in einer kommunistischen Partei gewesen sei, was ja stimmte.

Die bürgerliche Presse hätte es gern gesehen, hätte er vor McCarthy[175] einen Kniefall gemacht und sich als Antikommunist bekannt, aber wie gesagt: Brecht zog sich zurück auf die Aussage, er wäre nie Mitglied in einer kommunistischen Partei gewesen.

Auf die Frage, ob er in einem Song gefordert habe, dass die Arbeiter die Führung übernehmen müssen, antwortete er – aus heutiger Sicht klingt das wie ein Komödienstoff –, er habe ja nicht geschrieben, »nur die kommunistischen Arbeiter«, er habe auch die christlichen Arbeiter gemeint, die Buddhisten, die Muslime – alle Arbeiter aller Länder und jeden Glaubens. Arbeiter jedes Glaubens vereinigt euch! Das konnte man schlecht widerlegen. Brecht wurde auch das als Feigheit ausgelegt, aber er erreichte schließlich, was er wollte.

175 Joseph McCarthy (1908–1957), US-amerikanischer republikanischer Politiker; 1947 als jüngstes Mitglied in den Senat aufgenommen, tat er sich vor allem ab Anfang der 1950er Jahre bei den Kampagnen gegen die Kommunistische Partei der USA und der Verfolgung ihrer Anhänger hervor. Die Zeit der Kommunistenverfolgung zwischen 1947 und 1956 ging als McCarthy-Ära in die Geschichte der USA ein.

Und die Art und Weise dieser Antwort, gerade wenn man sie hört, nicht liest, enthält durchaus immanenten Protest. Für Brecht war jedoch in erster Linie wichtig, diese Prozesse unbeschadet zu überstehen. Eine Verurteilung, wie sie ja Gerhart Eisler[176] traf, der dann fliehen musste, wäre für Brecht nicht sonderlich günstig gewesen.

Unter dem Eindruck dieses Prozesses plante Brecht später im Berliner Ensemble, ein Prozesstheater einzurichten, wo er die berühmtesten Prozesse der Weltgeschichte, angefangen bei Sokrates[177] über Jeanne d'Arc[178], dann die Dreyfus-Prozesse[179] bis in die Gegenwart aufführen wollte. Er ließ von

176 Gerhart Eisler (1897–1968), österreichischer Journalist und Politiker; Bruder von Hanns Eisler. Zur Zeit der Weimarer Republik arbeitete er als kommunistischer Journalist und KPD-Politiker. Nach seinem Exil während des Zweiten Weltkriegs in den USA kehrte er nach Ostberlin zurück, übernahm in der DDR die Funktion eines Abgeordneten in der Volkskammer und war Vorsitzender des Staatlichen Komitees für Rundfunk.

177 Sokrates (469–399 v. u. Z.), griechischer Philosoph; Begründer der autonomen philosophischen Ethik. Die von seinen Anschauungen ausgelöste sokratische Wende der abendländischen Philosophie hatte grundlegenden Einfluss auf das antike Denken. Für seine Philosophie, die er auf den öffentlichen Plätzen Athens mit der von ihm entwickelten Methode der »Hebammenkunst«, des strukturierten Dialogs, lehrte, wurde er zum Tode durch den Schierlingsbecher verurteilt.

178 Jeanne d'Arc (1412–1431), französische Nationalheldin; angeleitet von ihren Visionen der heiligen Katharina und des Erzengels Michael, wollte sie Frankreich während des Hundertjährigen Krieges gegen die Engländer verteidigen. Mit noch nicht einmal zwanzig Jahren wurde sie von der Inquisition zum Tode verurteilt. 1455 wurde der Prozess neu aufgerollt, ein Jahr später wurde sie völlig rehabilitiert und im Jahr 1920 von Benedikt XV. heiliggesprochen.

179 Als Dreyfus-Affäre wurde der Fall des jüdischen Artilleriehauptmanns im französischen Generalstab Alfred Dreyfus (1859–1935) bekannt, der in der Dritten Französischen Republik Ende des 19. Jahrhunderts wegen angeblichen Landesverrats zu lebenslanger Verbannung verurteilt wurde. Die heftigen Debatten um seine Schuld oder Unschuld lösten Anfang des 20. Jahrhunderts eine der größten innenpolitischen Krisen in Frankreich aus.

Hubalek[180] zum Beispiel eine Dokumentation schreiben, basierend auf den *Spiegel*-Protokollen der Diskussion zur Wahl der Bundeshauptstadt, Bonn oder Frankfurt.[181] Diese Konzeption des Prozesstheaters wurde jedoch nicht realisiert. Aber Brecht sprach oft davon, dass diese Prozesse vieles über Gesellschaften, in denen sie stattfinden, verrieten, ohne es direkt zu zeigen.

Brecht reiste einen Tag nach dem Verhör aus den USA ab, fast wie auf einer Flucht, die er schon vorbereitet hatte. Er blieb dann zunächst in der Schweiz. Später ließ er sich dann im Ostteil Berlins nieder. War das eine bewusste politische Entscheidung oder hatte er keine andere Möglichkeit?

Für den Ostteil Deutschlands entschied er sich, weil sich sehr viele Emigranten im Osten konzentrierten. Darunter war etwa Arnold Zweig[182], es

180 Claus Hubalek (1926–1995), deutscher Schriftsteller und Drehbuchautor; Dramaturg am Berliner Ensemble, später Chefdramaturg beim Norddeutschen Rundfunk und beim Schauspielhaus in Hamburg.

181 Bei der Wahl des Standortes eines Regierungssitzes für die geplante Neugründung eines eigenen westdeutschen Staates lief ab Februar 1949 alles auf eine Entscheidung zwischen Bonn und Frankfurt am Main hinaus. Während die SPD hinter Frankfurt stand, setzte sich die Union, allen voran ihr rheinischer Vorsitzender Konrad Adenauer, für Bonn ein. Am Ende stimmte der Bundestag am 3. November 1949 mit zweihundert zu hundertsechsundsiebzig Stimmen für Bonn. Ein Jahr später veröffentlichte die Zeitschrift *Der Spiegel* Gedächtnisprotokolle des Vorsitzenden der Bayernpartei, Josef Baumgartner, von Gesprächen mit mehreren seiner Parteifreunde. Danach habe ihm ein Fraktionskollege gebeichtet, dass etwa hundert Abgeordnete aller Fraktionen mit rund zwei Millionen Mark bestochen worden seien, um für Bonn zu votieren.

182 Arnold Zweig (1887–1968), deutscher Schriftsteller, ließ sich 1948, nach der Rückkehr aus dem Exil, in Ostberlin nieder. Von 1950 bis 1953 war er Präsident der Akademie der Künste, ab 1957 des P.E.N.-Zentrums Ost und West (ab 1967 P.E.N.-Zentrum DDR).

kamen auch Hanns Eisler und Stefan Heym[183]. Es war eine politische Entscheidung.

Brecht konnte aber die Stabilität der Verhältnisse in Deutschland nicht einschätzen und beobachtete erst einmal von der Schweiz aus, was vor sich ging. Er war in dieser Hinsicht ein vorsichtiger Mann. Ganz frei von Propaganda kann er nicht gewesen sein, denn dass die Russen hier die Frauen vergewaltigten, wurde allgemein verbreitet. Brechts Ziel war nie Westdeutschland. Zwar wollte er hier durchfahren nach Berlin, doch wurde er nicht gelassen. Die Westalliierten verboten ihm die Durchreise durch die Westzonen. Deshalb fuhr er durch die Tschechoslowakei. Er hielt in Österreich an, wo er noch einen Deal schloss, aus dem im Nachhinein auch viel konstruiert wurde.

Brecht war ein gebranntes Kind, was die Stabilität von Verhältnissen betrifft. Man muss nur seinen *Anachronistischen Zug*[184] lesen, um die Schreckensbilder zu sehen, die ihn damals verfolgten. Darin schien sich der Nazismus wieder in Deutschland zu konstituieren. In Österreich traf Brecht jedenfalls Gottfried von Einem[185], der ihm einen österreichischen Pass anbot. Österreich war auch aufgeteilt, aber immerhin nicht in gleicher Weise zerbrochen wie Deutschland. Als Gegenleistung verlangte von Einem, dass Brecht für Salzburg ein Totentanzspiel schriebe. Außerdem riet er ihm davon ab, in den Osten zu gehen. Er warnte ihn vor der Unsicherheit in Berlin und der Möglichkeit eines dritten Weltkriegs, der seiner Meinung nach schon fast unabwendbar war. Brecht ging trotzdem in den Osten.

183 Stefan Heym (1913–2001), deutscher Schriftsteller; floh vor dem Nationalsozialismus in die USA und siedelte 1953 nach Ostberlin in die DDR über, wo er ab 1965 aufgrund kritischer Werke und Äußerungen in Konflikte mit der Parteiführung geriet.

184 *Freiheit und Democracy oder Der anachronistische Zug*, Gedicht Brechts von 1947; GBA, Bd. 15, S. 183–188. Das Gedicht ist als Protest gegen die im Nachkriegsdeutschland nach wie vor existierenden Seilschaften alter Nationalsozialisten zu verstehen.

185 Gottfried von Einem (1918–1996), österreichischer Komponist; konzipierte 1949 mit Brecht den Fragment gebliebenen *Salzburger Totentanz*. Er setzte sich für Brechts österreichische Einbürgerung ein, woraufhin er in die öffentliche Kritik geriet und als Direktionsmitglied der Salzburger Festspiele zurücktreten musste.

Brecht verpflichtete sich, ein Totentanzspiel für Salzburg zu schreiben, um Hugo von Hofmannsthals *Jedermann*[186] gewissermaßen abzulösen. Dies versuchte er auch und schrieb ein Stück, das ganz anders war als jenes von Hofmannsthal. Den *Jedermann* habe ich vor kurzem inszeniert, in der Urfassung des alten Hans Sachs[187] allerdings. Dort heißt es, vor Gott sei jedermann gleich. Der Tod kenne keine sozialen Unterschiede. Brecht weist in seinem Totentanzspiel jedoch darauf hin, dass die durchschnittliche Lebensdauer eines chinesischen Kuli damals achtzehn bis maximal zwanzig Jahre betrug, wohingegen die Lebensdauer von reichen Leuten entschieden höher ist. Er zeigte also, dass die Sterblichkeit in direktem Zusammenhang mit der sozialen Situation steht.

Dieses Totentanzspiel führten die Österreicher nie auf. Merkwürdig war, dass die österreichische Bürokratie unendlich lange brauchte, um den Pass auszustellen. Brecht war schon längst im Osten, als er auch österreichischer Staatsbürger wurde.

Wie nahm man das in der DDR auf, als Brecht plötzlich Österreicher wurde?

Nun hatte er eben zwei Staatsbürgerschaften. Das wurde ihm hier nicht verübelt. Es wurde auch nicht als Fluchtversuch betrachtet. Man hatte bei uns viele Emigranten mit zwei Staatsbürgerschaften. Brecht sagte: »Meine Koffer sind

186 Hugo von Hofmannsthal (1874–1929), österreichischer Schriftsteller des Fin de Siècle und der Wiener Moderne; Mitbegründer der Salzburger Festspiele. Sein Drama *Jedermann. Das Spiel vom Sterben des reichen Mannes* wurde 1911 in Berlin unter der Regie von Max Reinhardt uraufgeführt. Mit dem Stück, der Neubearbeitung eines mittelalterlichen Stoffes – Hofmannsthal nennt in der Vorrede neben einer anonym überlieferten Fassung von 1480 Hans Sachs als zweite Hauptquelle –, wurden 1920 die ersten Salzburger Festspiele eröffnet.

187 Hans Sachs (1494–1576), deutscher Meistersinger, Lyriker und Dramatiker. Im Jahr 1549 übertrug er die auf Latein abgefasste Komödie *Ein Comedi von dem reichen sterbenden Menschen, der Hecastus genannt* des Niederländers Georgius Macropedius ins Deutsche.

noch gepackt.« Aber er sagte auch: »Ich habe nicht meine Meinung, weil ich hier lebe, sondern ich lebe hier, weil ich meine Meinung habe.«

Jetzt kommen wir in die Zeit, als Sie Brecht kennengelernt haben. Können Sie von der ersten Begegnung berichten?

Meine erste Begegnung mit Brecht war eigentlich indirekt. Ich war nie ein Nazi in der Art eines jungen Siegfried. Dazu bin ich viel zu vorsichtig. Alle Versuche, mich in die Nationalpolitische Bildungsanstalt zu integrieren, scheiterten am Widerstand meiner Mutter. Aber immerhin hatten auch wir in Köthen keine großen Einwände gegen die Nazis. Dazu wussten wir auch zu wenig – wir waren absolut dämlich. Von Brecht wusste ich bis '45 nichts, auch von Thomas Mann nichts, und von Goethe wusste ich nur, dass er das Prinzip des Faustischen entdeckt hat, also das, was Spengler[188] das Prinzip des Faustischen nannte. Nämlich die Legitimation, im Ringen um die Wahrheit auch Verluste hinzunehmen, sprich Menschen. Diese Auslegung Goethes legitimierte es, auch über Leichen zu gehen.

Das Ende des Krieges und die Folgen waren uns eine Lehre. Wir gründeten eine Laienspielgruppe und spielten Hofmannsthals *Der Tor und der Tod*[189]. Erst über das Spielen kamen wir wieder zu uns. Tatsächlich standen wir sowohl materiell als auch geistig vor dem Nichts. Die Gedanken der Nazis steckten noch in uns, waren uns eingepfropft mit ihren Liedern und ihrem Verhalten. Das ließ sich nicht einfach abschütteln. In dieser Zeit fiel uns *Die Gewehre der Frau Carrar* in die Hände.

Wir wussten von einem Bert Brecht, der das *Solidaritätslied*[190] geschrieben hat. Man hörte es von Ernst Busch gesungen im Radio. Es war sehr beeindruckend, aber als wir das Stück gelesen hatten, waren wir noch viel mehr beeindruckt.

188 Oswald Spengler (1880–1936), deutscher Geschichtsphilosoph, Kulturhistoriker und Schriftsteller, Repräsentant der sogenannten Konservativen Revolution. 1918 bzw. 1922 erschien sein Hauptwerk *Der Untergang des Abendlandes*.

189 1893 entstandenes *lyrisches Drama* von Hugo von Hofmannsthal.

190 GBA, Bd. 14, S. 119 f.

Uns faszinierte sowohl die Realität dieser Dichtung als auch die Sprache, der man sich trotz ihrer Sachlichkeit nicht entziehen konnte. Ich war Leiter der Laienspielgruppe, und wir nahmen das Stück sofort ins Programm. Nun brauchten wir noch den richtigen Darsteller für den Pedro, die Hauptrolle, eine sehr differenzierte Figur. Ich hatte einen richtigen Arbeiter kennengelernt, der als Dreher arbeitete. Eigentlich lehnte er Theater ab, aber es gelang uns trotzdem, ihn zu überreden, die Rolle anzunehmen. (Er wurde übrigens ein bekannter Filmschauspieler der DDR, und heute noch ist ein Club nach ihm benannt: Frannz-Club.[191])

Hingebungsvoll arbeiteten wir ein halbes Jahr, hörten Buschs Spanienlieder, beschäftigten uns mit dem Spanischen Bürgerkrieg, und alsbald trat die Wirkung ein, die Brecht sich von seinen Lehrstücken erhoffte: Uns geistig ausgedörrten, kopflosen Leuten wuchs durch das Spiel ein bisschen Hirn nach und auch ein bisschen Realitätssinn.

Die Gewehre der Frau Carrar zog uns in den Bann einer völlig neuen Welt – und das war für uns wie eine Reinkarnation oder, besser ausgedrückt, *Renato*, in Anlehnung an den Namen meiner Frau Renate[192], also eine Wiedergeburt.

Das war also die erste Begegnung mit Brechts Werk. Wie kam es zur ersten persönlichen Begegnung?

Ohne sein Werk hätte ich Brecht nicht kennengelernt. Das, was ich später so sehr an ihm schätzte, dass er die großen intellektuellen oder historischen oder überhaupt wichtigen Dinge mit großer Naivität ausdrücken konnte und mit großer Schlüssigkeit erklärte, fand ich schon in diesem Stück. Die ästhetische Redundanz ist bei ihm so gering, dass sich in einem Wort plötzlich Welten erschließen. Wir luden Brecht dann zur Premiere ein, aber das ist eine alte Geschichte. Wir veröffentlichten in der Zeitung: »Bert Brecht ist zur Premi-

191 Erich Franz (1903–1961), deutscher Schauspieler; der gelernte Dreher und Bergarbeiter wurde 1951 als Laiendarsteller von Brecht und Wekwerth entdeckt.

192 Renate Richter (geb. 1938), Theater- und Filmschauspielerin, spielte von 1962 bis 1992 viele Rollen am Berliner Ensemble; Ehefrau von Manfred Wekwerth.

ere anwesend«, schnitten den Abschnitt aus und schickten ihn nach Berlin. Wir dachten uns, wenn er ein großer Mann ist, hat er Humor und kommt. Kommt er nicht, ist er eben für uns kein großer Mann. Er kam zwar nicht, weil er krank war, doch Helene Weigel schickte uns überraschenderweise die beiden Autobusse des Berliner Ensembles mit der Bitte, einzusteigen und unsere Inszenierung in Berlin zu zeigen. Wir stiegen ein und führten unser Stück in Berlin auf.

Unser Glück war, dass wir gar nicht wussten, wer uns alles zusah: Berliner Intendanten, alle Schauspieler vom Berliner Ensemble, Ernst Busch, Therese Giehse, auch Paul Wandel[193]. Hätten wir das nur geahnt, wir hätten kein Wort herausgebracht. Als wir anreisten mit unseren Koffern, waren wir wirklich ahnungslos. Es gibt in Umkehrung des geflügelten Wortes den Spruch: Unwissen ist Macht. Wenn man wenig weiß, hat man umso mehr Vertrauen in sich. Für uns war diese Aufführung wie ein Auftritt auf irgendeiner Kneipenbühne, wo wir normalerweise spielten. Die Leute in Berlin waren berauscht, dass sich so *einfache* Menschen wie wir, Schüler aus Köthen, so intensiv mit Brechts Stück befassten.

Dann kam die Weigel überglücklich und sagte: »Brecht möchte Sie kennenlernen!« Ich wühlte mich durch die Menge, und dann sah ich Brecht. Er war von Leuten umringt, hatte eine graue Jacke an und die gut erkennbare Brecht-Frisur. Die Menschen hingen an seinen Lippen, und ich dachte mir: »Das muss Brecht sein. Wer so bedeutend ist, wer so eine Jacke und eine Brecht-Frisur trägt und so viel Leute an seinem Mund hängen hat, der muss es sein.« So sprach ich ihn an, doch der guckte nur verblüfft. Es war Paul Dessau[194]. Und dann blieb eigentlich nur der Pförtner mit einer grauen Jacke. Der zeigte auf

193 Paul Wandel (1905–1995), Politiker, erster Minister für Volksbildung und Jugend der DDR.

194 Paul Dessau (1894–1979), deutscher Komponist. Nach einer ersten Begegnung 1927 beim Kammermusikfest Baden-Baden traf er Brecht 1942 im amerikanischen Exil wieder, und es begann eine fruchtbare Zusammenarbeit, die bis zum Tod Brechts anhielt. Dessau komponierte unter anderem die Bühnenmusik zu *Mutter Courage und ihre Kinder, Herr Puntila und sein Knecht Matti* und *Der kaukasische Kreidekreis*.

einen kleinen, höflichen Mann, der dann auf uns zukam, mir die Hand gab und sich vorstellte: »Brecht.« Er war sehr bewegt, wie immer, wenn man etwas von ihm aufführte. Er bot an, noch ein wenig mit uns zu arbeiten, denn er fand ein paar Sachen ganz falsch und andere viel zu »dampfig«. Er habe auch ein paar Absurditäten an unserer Inszenierung bemerkt. Ob wir einverstanden seien, dass er das mit uns in Ordnung bringe. Ich beriet mich mit meiner Gruppe und erklärte stolz, dass der Autor noch mit uns proben wolle, und fragte, ob alle einverstanden seien. Es war schon ein bisschen spät, doch das war uns gar nicht bewusst. Und dann arbeitete Brecht wirklich bis Mitternacht mit uns.

Um Mitternacht engagierte er dann den Hauptdarsteller, den »echten« Arbeiter, der nichts vom Theater wissen wollte, weil er diesem gern zugesehen habe. Ich fühlte mich als Regisseur nicht genügend gewürdigt und war verärgert. Schließlich hatte ich alles initiiert! Am nächsten Tag traf ich Brecht bei der Verabschiedung vor der Probebühne. Als ich in den Bus einsteigen wollte, bemerkte er, dass ich bedrückt war, und sagte dann, er habe gesehen, dass ich noch sehr viel zu lernen habe. Aber wenn ich Lust hätte, beim Berliner Ensemble zu lernen, könne ich gleich dableiben. Aus heutiger Sicht ist es für mich fast unvorstellbar. Aber ich fand mich gut, und ich fand Brecht gut, und demzufolge blieb ich.

Als wir ins Berliner Ensemble kamen, empfing uns Helene Weigel sofort im Büro. Wir verehrten sie natürlich. Ich hatte sie mal im Theater gesehen. Eigentlich verehrten wir sie sogar mehr als Brecht, einfach weil sie uns von der Bühne bekannt war. Das Erste, was sie uns Provinzlern, uns Laienspielern aus Köthen, sagte, war: »Frau Weigel? Nein, ich heiße Helli und *du* und sonst wird nicht mit mir geredet.« Es fiel uns wahnsinnig schwer, sie Helli zu nennen und du zu sagen, aber das mussten wir.

Dann gingen wir in die Dramaturgie. Hier saß ein Mann mit hoher Stirn und dunkler Hornbrille hinter einem Brecht-Tisch, bekanntlich ein langer und schmaler ausklappbarer Tisch. Er hob kaum seinen Kopf, als wir eintraten. Ich stellte mich vor und erklärte, dass wir gestern hier die *Carrar* gespielt hätten und jetzt Mitglieder des Berliner Ensembles seien. Da guckte er auf, blinzelte mich an und sagte: »Ja, das ist ja so, der Brecht engagiert jeden, der nur das Geringste von ihm macht.« Und dann sah er wieder in seine Papiere. Dieser herablassende Kerl war derjenige, mit dem ich später am engsten befreundet war, nämlich Palitzsch. Und Hubalek, der andere Dramaturg, lag ausgestreckt auf einer Liege in der Dramaturgie, das war früh gegen elf, und schlief.

Das war mein erster Eindruck von der Dramaturgie. Dann gingen wir in die Probe. Egon Monk[195] probierte gerade Gerhart Hauptmanns *Biberpelz und roter Hahn*[196]. Brecht sah uns und drängelte sich durch die Reihen, kam auf uns zu, gab uns die Hand und sagte leise: »Ich freu mich, dass Sie da sind, setzen Sie sich und notieren Sie alle Einwände.« Dieser Spruch eines großen Mannes zu uns Nobodys aus der Provinz haute uns irgendwie um. Ich dachte zunächst, das sei nur Rhetorik, doch als die Probe fertig war, wollte er unsere Notizen sehen. Er hatte also nicht nur ein Kompliment gemacht.

Nachdem ich drei Tage am Berliner Ensemble war, teilte Brecht mich für die Neuinszenierung der *Courage* ein. Ich musste mich neben ihn setzen und aufzeichnen, was er sagte. Er hatte es sehr gern, wenn man seine Worte mitschrieb. Er maß das Talent auch am Fleiß, an der Länge unserer Aufzeichnungen. Er empfahl uns: »Am besten lernen Sie Stenografie, damit Sie besser mitprotokollieren können.« Er arbeitete schon immer auch für die Nachwelt, für die seine Worte festgehalten werden sollten. Auch darin bestand seine hochentwickelte Form unmerklicher Eitelkeit. Manche Mitglieder des Berliner Ensembles beherrschten Stenografie und Schreibmaschine. Sie waren in den ersten Wochen die absoluten Favoriten.

Später fielen sie dann allerdings etwas zurück. Besson und ich, wir waren die Einzigen, die nicht besonders eifrig im Mitschreiben und übrigens auch nicht im Bilderkleben waren. So waren wir oft ganz hinten in der Beurteilungs-

195 Egon Monk (1927–2007), deutscher Theater- und Filmregisseur, Dramaturg und Autor; kam 1949 als Regieassistent Brechts zum Berliner Ensemble. 1953 verließ er die DDR, arbeitete beim RIAS Berlin und dem Norddeutschen Rundfunk, war 1968 kurzfristig Intendant des Deutschen Schauspielhauses Hamburg und seit 1970 als Regisseur und Autor wieder beim NDR tätig. Er realisierte eine Reihe bekannter Fernsehproduktionen.

196 Brecht führte das naturalistische Stück *Der Biberpelz* (1893) und seine Fortsetzung *Roter Hahn* (1901) von Gerhart Hauptmann (1862–1946) in seiner Bearbeitung für das Berliner Ensemble zu einem Stück zusammen. Die Premiere fand am 24. März 1951 statt.

skala, bekamen sogar Drohbriefe, die ich aufbewahrt habe, dass wir faul seien. Eine Vorstellung, die Brecht als Direktor oder Oberspielleiter ohnehin hatte, dass nämlich alle Assistenten faul seien. Das redeten ihm auch verschiedene Damen ein. Zu Weihnachten 1952 flatterte uns wieder eine Nachricht auf den Tisch, dass wir unendlich faul seien. Es kam auch der große Satz darin vor, dass wir hochmütig, in Klammern, also hilflos, seien. Das hing mit den Damen zusammen, die uns nicht mochten, weil wir sie nicht mochten. So tobten die kleinen Kämpfe um Brecht herum, die aber immerhin zum Teil auch sehr lustig waren.

Als eine der ersten Aufführungen des Berliner Ensembles sahen Sie den Hofmeister[197], *viele sagen, dies sei die schönste Aufführung überhaupt gewesen, in der das epische Theater zur Vollendung kam.*

So habe ich es empfunden, ja.

Den Epilog des Hofmeister *haben Sie sich damals an die Wand geschrieben.*

Ja.

> Schüler und Lehrer einer neuen Zeit
> Betrachtet seine Knechtseligkeit
> Damit ihr euch davon befreit![198]

197 *Der Hofmeister oder Die Vorteile der Privaterziehung*, 1771/72 und 1774 auf Vermittlung Goethes in Leipzig erschienene Tragikomödie des Sturm und Drang von Jakob Michael Reinhold Lenz (1751–1792). Brecht hatte bereits 1940 das Sonett *Über das bürgerliche Trauerspiel »Der Hofmeister«* verfasst. Zehn Jahre später bearbeitete er Lenz' Stück für das Berliner Ensemble, wo es am 15. April 1950 unter Mitwirkung von Egon Monk aufgeführt wurde.

198 GBA, Bd. 8, S. 371.

Ich selbst hatte ja auch kurzzeitig als Lehrer gearbeitet – mit besonderem Interesse für die Mathematik übrigens. Dabei erlebte ich am eigenen Leibe, wie der Lehrerberuf zur Hierarchie neigt, er erzeugt Demut und Unterwürfigkeit auf der einen Seite und autarke Handlungen auf der anderen. Diese Eindrücke wurde ich als Lehrer nie los.

Ohne Brecht wäre ich wahrscheinlich in einem anderen, für mich bewegenden und berauschenden Fach, der Mathematik, gelandet. Ich hatte mich schon als Jugendlicher mit höherer Mathematik befasst, schrieb mit fünfzehn Jahren ein Lehrbuch der höheren Mathematik und nutzte zugleich als stilistisches Vorbild Jean Paul[199] und seine barocke Sprache. Diese Mischung bewahre ich mir bis heute – sie amüsiert und »belebt« mich.

Der Eindruck dieser *Hofmeister*-Aufführung war von entscheidender Bedeutung für mein Leben. Ich war überwältigt von der Ästhetik, die bis heute unübertroffen ist. Einzelne Details sind unvergessen: eine gelbe Rose in der Hand vom Grafen Wermuth[200] in einem ungeheuren weißen Barockkostüm, die Figurenführung von dem Schweizer Schauspieler Gaugler[201] als Hofmeister und eben der zitierte Schlussmonolog, der mich als Lehrer so überdeutlich betraf. Diese wenigen Worte, so knapp und treffend formuliert, übten auf mich eine immense Anziehungskraft aus. Und die waren ja nicht von Lenz, die waren von Brecht. Ich erzählte Brecht dann, dass wir den *Hofmeister* schon vorher gekannt hatten, ehe wir zum Berliner Ensemble gekommen waren. Ich erzählte ihm von der Wirkung dieses Satzes, er reagierte sehr gerührt und tat dann halb witzig, halb ernst kund: »Brechts Slogans sind die besten!« Das bewahrheitete sich. Bestimmte Formulierungen Brechts brennen sich ins Gehirn und bleiben zeitlebens unvergesslich.

199 Jean Paul (1763–1825), deutscher Schriftsteller, der literarisch die Tendenzen der Übergangszeit aufnimmt: Rokoko und Empfindsamkeit, Klassik und Romantik. Sein eigenwilliger Erzählstil ist gekennzeichnet durch Formauflösung, Spiel mit witzigen Einfällen, poetologische Kommentare, Reflexionen, labyrinthische Handlungen.

200 Figur aus Lenz' *Der Hofmeister*.

201 Hans Gaugler (geb. 1913), Theater- und Filmschauspieler.

Mit solchen Formulierungen, Inszenierungen und auch Geschichten hängt vielleicht zusammen, dass Brecht und das Berliner Ensemble sich schon damals zur Legende stilisierten. Welche Methoden hatte er hierfür?

Seine Methode war die Qualität. Als ich 1950 beim ersten Deutschlandtreffen der FDJ erstmals eine Aufführung des Berliner Ensembles sah, warf das nicht nur mich, sondern auch all meine Vorstellung von Welt und Theater um. Hier eröffneten sich ganz große Gedanken, die in solcher Naivität, Intelligenz und Realität in der Geschichte sichtbar wurden, dass man das Theater nach großem Genuss mit einer neuen Weltsicht verließ. Und zwar nicht belastet, sondern erleichtert. Das ist unbeschreiblich. Solche Gefühle schafften die Legende. Abgesehen davon, hatte Brecht die Legende ja schon geschaffen, als er sich bereits mit zweiundzwanzig zum Klassiker erklärte.

Manche Asketen behaupten, Brecht sei gegen den ganzen Starkult in kollektiven Theaterensembles gewesen. Diese seltsame Idee wurde dann von anderen tatsächlich in Theaterexperimenten ausprobiert, wo alle Mitglieder des Ensembles gleichberechtigt waren und niemand mehr autonom sein sollte. Auch der Regisseur sollte nur noch einen Teil der Gemeinschaft bilden. Das war alles Unsinn! Theater basiert auf einer furchtbar unsozialen Ungerechtigkeit, nämlich der ungleichmäßig verteilten Begabung. Der eine ist sehr begabt und der andere weniger und mancher überhaupt nicht. Es ist ein Phänomen der DDR, dass der weniger Begabte dieselben Rechte der Besetzung beanspruchte wie der Hochbegabte. Das konnte nicht funktionieren. Begabung ist ungerecht verteilt, wie manches in der Welt. Brecht wusste das. Er schätzte hohe Begabung und ihre Wirksamkeit. Berühmtheit war für ihn ein Kampfposten, wie er sich ausdrückte, auch im politischen Theater. Das heißt, wenn ein berühmter Mensch einen Satz sagt, genießt er eine größere Akzeptanz und bewirkt wesentlich mehr, als wenn ein Unbekannter den gleichen Satz sagt. Es ist ein Unterschied, ob Therese Giehse einen Satz sagt oder eine unbekannte Schauspielerin Maier, die es bei uns auch gab. Die konnte denselben Satz mit den gleichen Worten genauso gut sprechen, aber der von der Giehse grub sich ein und hatte eine sich potenzierende Wirkung.

Insofern war Brecht immer überzeugt, dass ein Theater Stars braucht. Allerdings nicht einen, sondern mehrere. Er war nie gegen Berühmtheit. Berühmtheit war für ihn etwas Brauchbares, Nützliches. Dank seiner Berühmtheit konnte er seine Vorstellungen von Welt und Theater besser durchsetzen. Wenn sein Theater berühmt war und später weltberühmt, so vergrößerte es für ihn als Brauchbarkeitsdenker auch seine Wirkungsmöglichkeiten, weil mehr Leute kamen und zuhörten, er mehr Menschen erreichte. Insofern ist die Legendenbildung um sein Theater durchaus erwünscht und beabsichtigt.

Das begann mit dem Emblem des Berliner Ensembles, dem sich drehenden Kreis, der übrigens von Peter Palitzsch, der ursprünglich Grafiker war, stammt. Den Namen Berliner Ensemble erfand Ruth Berlau. Zunächst hieß das Theater Neues Berliner Ensemble. Als Palitzsch den drehenden Kreis erfand, waren das ästhetische Empfinden Palitzschs und das *Neue* nicht unter einen Hut zu bringen. Der Schriftzug durfte nur zwei Striche haben. Es gab dann eine Riesendebatte, ob das *Neue* der Schönheit weichen sollte. Und Palitzsch setzte sich durch. Er hatte recht. Dass sich dieses Berliner Ensemble heute noch dreht, halte ich für unverdient. Aber Palitzsch hatte leider kein Urheberrecht auf seinen Kreis, sonst hätte er ihn, wie er mir sagte, zurückgezogen, nachdem er Aufführungen des heutigen Berliner Ensembles gesehen hatte. Jedenfalls war das Berliner Ensemble nicht durch Tricks oder Methoden legendär, sondern durch die Einmaligkeit seiner Aufführungen – so etwas hatte man noch nie gesehen.

Es gab aber auch bestimmte Moden; Sie trugen damals diese Jacken, diese typischen Brecht-Klamotten. Denken Sie, das war ein Teil der Selbstinszenierung?

Es gab keine typischen Brecht-Klamotten. Das Berliner Ensemble war auch nicht, wie später oft behauptet wurde, grau gekleidet, wenn schon, dann grün. Wir trugen grünen Kord, den Helene Weigel uns günstig besorgt hatte. Sie war in ihrem unaufhörlichen Drang, uns zu versorgen, eine großartige Händlerin, gefürchtet von den Antiquitätengeschäften, wo sie handelte, zum Beispiel auch um alte Tische. Hier dieser Renaissance-Tisch ist auch von ihr; von ihr günstig erstanden und an mich dann günstig verkauft. Wegen des Kords war sie damals in ein Textilwerk gefahren. Sie sagte: »Ich bin Helene Weigel, Sie kennen mich als Mutter Courage. Meine Schauspieler können nicht nackt herumlaufen, Sie produzieren hier Kord. Ich brauche Kord.« Und als der

Verkäufer sich erkundigte, wie viel Stoff sie wolle, er dachte an einen, vielleicht zwei Meter, antwortete sie: »Nein, hundert Meter.« Da fiel der aus allen Wolken – genau wie sie beabsichtigt hatte. Dann lud sie den ganzen Betrieb ins Theater ein, und als sie mit ihrem Auto und Anhänger zurückkam, war sie über und über bepackt mit mindestens dreißig Metern Kord, allerdings nur mit grünem. Daraus konnte sich nun jeder eine Jacke machen lassen, und auch die Vorhänge in der Probebühne waren – in Vorwegnahme späterer politischer Entwicklungen – grün. Wir waren die Grünen. Selbst unsere Fahrradsättel waren mit grünem Kord bedeckt.

Die *Brecht-Jacken* zogen wir nicht an, weil wir wie Brecht aussehen wollten. Wir wollten uns praktisch, nützlich, *brauchbar* kleiden. Davon hatte durchaus jeder eine andere Vorstellung, Besson brachte aus der Schweiz ganz andere Vorstellungen mit. Wir liebten zum Beispiel die Farbe Schwarz und wollten schwarze Jacken. Da es die aber nicht gab, kam ich mit einem Freund auf die Idee, im Sportgeschäft die schwarzen Jacken der Schiedsrichteranzüge zu kaufen. Die hatten allerdings nur kurze Hosen. Wir organisierten uns dann aus einem anderen Laden, wo es Anzüge für Schornsteinfeger gab, schwarze Hosen. So entstand dann der Berliner-Ensemble-Look.

Aber Brechts Kleidung war schon auffallend. Wenn man Fotos der zwanziger Jahre anschaut, war er elegant gekleidet. Sie sprachen die Ledermantelfotos an, oder man kennt kleine Filme und auch Fotos, auf denen er im weißen Anzug zu sehen ist. Aus dem dänischen Exil gibt es Bilder, die so aussehen, als trage er so eine Art Monteursanzug. Und spätestens in Berlin dann die typische Brecht-Jacke. Was hat Brecht mit Kleidung verbunden?

Praktisches. Am wichtigsten war ihm, dass die Kleidung praktisch war. Mir teilte er einmal mit: »Wekwerth, ich bin der Erfinder …« Ich dachte, jetzt kommt: »… des epischen Theaters.« Aber nein, er fuhr fort: »… des drehbaren Männerhalses.« Damals gab es sehr steife Hemdkragen, mit denen es unmöglich war, den Hals zu drehen. Er trug aber Hemden mit offenem Ausschnitt und empfand sich deshalb nun als der Erfinder des drehbaren Männerhalses.

Die grauen Kleidungsstücke wurden häufig als Verehrung des Proletariats interpretiert. Das war ein Irrtum, denn diese Stoffe waren äußerst wertvoll und wurden von der Weigel aus dem Ausland importiert. Und die Schnitte waren nur praktisch. Da Brecht sich nicht gerne umzog, trug er diese Arbeitsjacken auch zu Empfängen, und der drehbare Männerhals war sowieso ohne Schlips.

Die Anzüge wurden eigens für ihn angefertigt?

In der Kostümabteilung des Theaters. Es gab sie nicht zu kaufen – gibt es ja bis heute nicht. Für die schweißtreibende Regiearbeit musste die Jacke luftig sein, auf der anderen Seite war die Jacke auch sonst sehr praktisch. Nur die Mütze, die zeigte seinen Glauben an das Proletariat. Wie in der berühmten Szene der *Carrar*, die damit endet, dass der tote Sohn der Carrar gebracht wird. Sie hatte ihn, damit er nicht an die Front gegen Franco geht und sie ihn wie ihren gefallenen Mann auch noch verliert, zum Fischen geschickt, und er wurde dabei von den Faschisten erschossen. Daraufhin kämpft die Mutter gegen Franco, Ruth Berlau formulierte dafür einen Satz, den ich persönlich nicht so mag. Die Mütze, die Schiebermütze, habe den Jungen verraten, denn – so der Satz: »So etwas trägt kein Herr.« Ich fand das immer sehr nervend, weil diese Arbeitermütze eine Art Reliquie ist. Und Brechts Mütze wurde von Ruth tatsächlich zum Kult erhoben. Eine hängt immer noch als Reliquie in der Chausseestraße an der Wand. Genauso wie der Stock. Den Stock hatte er nie benützt. Die Mütze trug er hauptsächlich, weil er Hüte nicht ausstehen konnte.

Ich fragte ihn mal nach seinem Haarschnitt. Es gab eine Zeit, da konnte man in Sibirien, in der Sowjetunion, wo Brecht wirklich nicht bekannt war, zum Friseur gehen und auf Russisch einen »Brecht« verlangen. Die hatten keine Ahnung, wer das war, aber der Haarschnitt hieß ein Brecht. Es war die Frisur für Männer, nach vorn gekämmt. Als ich meine Locken verlor, kämmte ich die Haare auch nach vorne – aber eben nur dann. Auf meine Frage nach dem Brecht jedenfalls antwortete er, er wolle, nachdem er Hauptmann und Goethe und selbst Schiller gesehen hätte, vermeiden, einen solchen Charakterkopf zu bekommen. Dabei übersah er freilich, dass er gerade durch diese Frisur einer wurde. Das war einer seiner Irrtümer.

1952: Manfred Wekwerth als Assistent von Bertolt Brecht

1959 Manfred Wekwerth mit Guy de Chambure, Helmut Baierl und Peter Palitzsch (v.l.n.r.)

1962 am BE

Sommer 1963 in Buckow: Helene Weigel, Guy de Chambure, Helmut Baierl, Renate Richter, Manfred Wekwerth

Mit Paul Dessau beim Finden der *Coriolan*-Musik

1963 Carlo Ponti, Sophia Loren, Vittorio De Sica, Wolf Kaiser, Kurt Bork, Manfred Wekwerth, Helene Weigel im Künstlerclub *Die Möwe*

Mit Giogio Strehler 1966 in Venedig

1973 am Zürcher Schauspielhaus bei Proben zu Gorkis *Jegor Bulytschow und die anderen* mit Renate Richter und Günther Fischer

1979 am BE: Intendant mit dem unvermeidlichen Tee

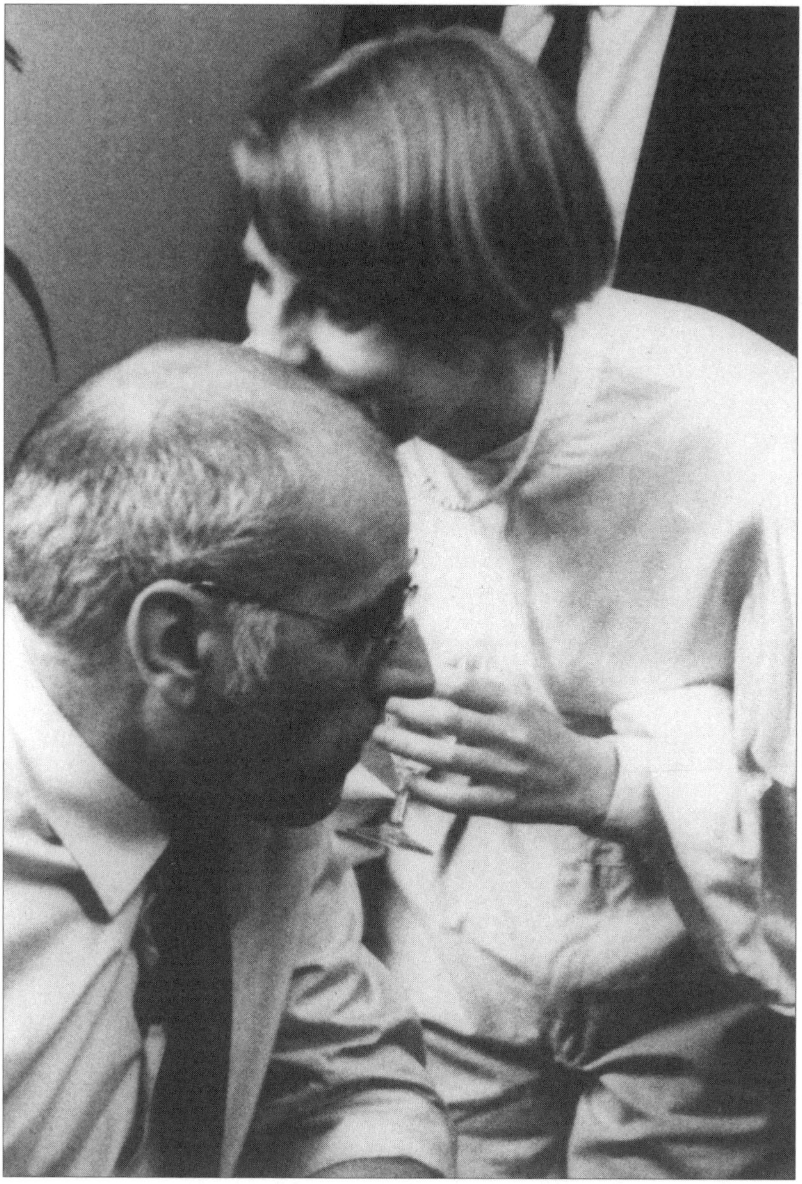

1985 auf der Premiere von William Shakespeares *Troilus und Cressida* mit Tochter Christine

Präsident der Akademie der Künste

Zwei Freunde: Werner Mittenzwei und Manfred Wekwerth

Als Präsident der AdK bei der Übergabe der Dokumente als korrespondierendes Mitglied der AdK an Harry Belafonte

Heiner Carow, Manfred Wekwerth, Regine Herrmann, Harry Belafonte

2004 auf der Buchmesse in Havanna mit dem Kulturminister Abel Prieto (r.)

In Havanna mit Renate Richter

Mit Renate Richter auf dem *UZ*-Pressefest 2005 in Dortmund

Auftritt mit Brecht-Programm auf dem *UZ*-Pressefest: Syman, Renate Richter, Manfred Wekwerth

2006 zu den Brecht-Tagen in Istanbul: Ankunft am Atatürk Flughafen

Auf einem Empfang nach dem Brecht-Programm im Goethe-Institut in Istanbul mit der großen Schauspielerin Zeliha Berksoy (l.), die im Programm mitgewirkt hat

Mit Renate Richter auf einem Gastspiel in der Schweiz

Auf der Rigi

Honorary Fellow of the Rose Bruford College London, 2002

2010: Gemeinsame Lesung mit Hilmar Thate im Bürgerhaus Grünau

Manfred Wekwerth, Renate Richer und Hendrik Duryn mit der Rockband EMMA mit gemeinsamem Brecht-Programm

Flyer *emma rockt brecht*

Renate Richter mit dem *Song der Ware* aus *Die Maßnahme*, Musik: Hanns Eisler

Manfred Wekwerth im Gespräch

Es gibt einige vorgeprägte Meinungen, was den sogenannten Brecht-Stil, das Brecht-Theater überhaupt betrifft. Sie waren in der entscheidenden Phase beim Berliner Ensemble, haben die konkrete Arbeit aus der Nähe miterlebt und sie auch geprägt. Wie würden Sie das Brecht-Theater beschreiben?

Zunächst muss man sich klarmachen, dass es *richtiges* Theater ist. Vollwertiges Theater mit runden, vitalen, widersprüchlichen, poetischen Geschichten und Figuren. Brecht-Theater ist trotz mancher Vorurteile Theater, das seinem Publikum Genüsse verschaffen will. Genüsse, die dem bürgerlichen Theater abhandengekommen sind, besonders auch dem *modernen* Theater, irreführend Regietheater genannt. Brechts Antwort auf diese Frage wäre vielleicht gewesen, dass es das Geschäft des Theaters sei, das Publikum zu unterhalten, und zwar auf adäquate Weise. Und das kann auf vielfältige Art und Weise geschehen. Wir haben über die *Courage*-Inszenierung gesprochen, bei der das *nüchterne* Spiel eine Provokation war.

Ganz anders dann wenige Jahre später beim *Kreidekreis*, den Brecht mit einer geradezu wuchernden Farbigkeit und Vitalität inszenierte, die man bis dahin in Deutschland selten gesehen hatte. Die Helden waren hier liebevoll gezeichnete Figuren, die nicht fremde Länder erobern wollen, sondern die Gunst der Mitmenschen durch Nützlichkeit. Die Entwicklung von der *Courage* zum *Kreidekreis* wird oft übersehen, wenn man Brecht nur von den Stilmitteln her verstehen will.

Oder nehmen Sie die sogenannte Brecht-Gardine, den Halbvorhang. Er sollte helfen, auf der Bühne wieder überprüfbare Realitäten zu schaffen bei einem Publikum, das den schweren Plüschvorhang gewohnt war. Plötzlich sah das Publikum die Umbauten und bekam zum Gezeigten ein praktisches Verhältnis, nämlich das von Partnern und Mit-Arbeitern. Anfangs erregte sich das Publikum über den »billigen« Vorhang, es vermisste den Plüsch. Später war es umgekehrt. Wenn wir den Halbvorhang nicht hängten, bestand das Publikum darauf. Zu Brecht gehört der Brecht-Vorhang. Als Brecht sah, wie man den Halbvorhang zum Klischee gemacht hatte, meinte er: »Der halbe Vorhang, die leicht flatternde Gardine, ist nur vorhanden, solange der Plüschvorhang vermisst wird.«

Wie verhält es sich mit anderen Kriterien des Brecht-Theaters, zum Beispiel dem Verfremdungseffekt?

Das Vorurteil besagt, dass durch die Beherrschung des V-Effekts, des Verfremdungseffekts, der Schauspieler seine Figur ohne jede Identifizierung zeige und die nötige Distanz schaffe, um Erkenntnisse statt Emotionen beim Publikum hervorzurufen. Der entschiedenste Gegensatz dazu sei das Stanislawski[202]-System, heute noch maßgeblich vertreten durch die Schule Lee Strasbergs[203] in den USA. Stanislawski verlange vollständige Identifizierung des Schauspielers mit der Figur, um den Zuschauer ebenfalls zur Identifizierung zu veranlassen. Die Technik sei die *Einfühlung*. Lange Zeit galt der Schlachtruf: »Hie Brecht – hie Stanislawski«.

Es ist unsinnig, technologische Vorgänge – dazu gehört die schauspielerische Technik – zum Kriterium von Theater machen zu wollen. Handwerk ist Voraussetzung von Theater, nicht schon Theater selbst. Große Begabungen haben es von sich aus. So hat Brecht auch mit Schauspielern gearbeitet, die keine Ahnung von seiner Theorie hatten. Das sind natürlich Ausnahmen. Stanislawski betrachtete sein System als Hilfsmittel, das er zunehmend veränderte. In den späteren Schriften, in den Protokollen der Theaterarbeit, findet man Hinweise, dass er die völlige Einfühlung verworfen hat, da sie zur Blindheit gegenüber anderen führe. Auch sah Stanislawski den Ausgangspunkt des Schauspielers

202 Konstantin Sergejewitsch Stanislawski (1863–1938), russischer Schauspieler, Regisseur und Theaterreformer. Zu Beginn seiner Laufbahn verfocht er die Theorie, dass sich ein Schauspieler aufgrund eigener Erfahrungen und Gefühle, seines *emotionalen Gedächtnisses*, weitgehend mit seiner Rolle identifizieren soll. Später führte er die *Methode der physischen Handlungen* ein, durch die ein innerliches Erleben im Weg über äußere Aktionen ermöglicht werden sollte. Anschließend vereinigte er *äußeren Ausdruck* und *inneres Erleben* zur »psychophysischen Haltung«.

203 Lee Strasberg (1901–1982), Schauspieler, Schauspiellehrer und -theoretiker. Angeregt durch Stanislawski, entwickelte er das *Method Acting*, das die Natürlichkeit und Intensität des Spiels steigern soll, indem der Schauspieler mit Hilfe eines von Strasberg entwickelten Instrumentariums die Rolle in sich findet und mit ihr verschmilzt.

nicht in Gefühlen, sondern in Handlungen. Er nennt das *physische Handlungen*: Bevor man etwas fühle, müsse man auf der Bühne physisch, also in konkreten Situationen handeln, um von da aus zu den entsprechenden Gefühlen zu gelangen. Nichts anderes meint Brecht, wenn er vorschlägt, Figuren von den Vorgängen her aufzubauen, um von dort aus zu ihren Eigenschaften zu kommen, also auch zu Gefühlen, und zwar zu größeren, da konkreteren.

Wenn man von der schauspielerischen Technik ausgeht, gibt es für das Brecht-Theater eigentlich keine Technik, die nicht verwendbar wäre, vorausgesetzt, sie ist geeignet, Widersprüche in den Vorgängen aufzudecken und nicht zu verschleiern. Wir hatten am Berliner Ensemble ganz verschiedene Techniken ausprobiert. In der *Mutter Courage* reduzierten wir Leute mit großem Anspruch auf Gottergebenheit oder Mutterliebe und reduzierten sie auf das, was sie sind: ausgekochte Geschäftemacher. In den *Tagen der Commune* dagegen *vergrößerten* wir *kleine Leute*, die eine große Tat begehen: Sie nehmen für zweiundsiebzig Tage ihr Schicksal in die eigenen Hände, ohne aufzuhören, kleine Leute zu sein. Bei dieser Inszenierung machten wir etwas, was mit Brecht angeblich unvereinbar ist: Wir verwendeten Techniken Stanislawskis. Beim Aufbau der Figuren benutzen wir kleine Details, Meinungen, Stimmungen, die hier zu Anlässen einer Revolution werden. Wir versuchten den Figuren konkrete Biografien zu geben. Dafür mussten sich die Schauspieler auf den Proben auch in die Situation *einleben*.

Wenn es so viele Vorurteile und auch Missverständnisse gibt, woran ist dann das Brecht-Theater zu erkennen? Wie definieren Sie es?

In erster Linie an seiner Haltung zur Welt. Dies ist Ausgangs- und Endpunkt Brechts und seines Theaters. Das Brecht-Theater stellt die Zustände in der Welt als veränderlich und veränderbar dar. Als zweiter Punkt ist die Art und Weise des Herangehens an die Welt und an das Theater wichtig. Es ist die materialistische Dialektik, welche die Triebkräfte der Dinge nicht in äußeren Anstößen wie Gott oder dem Weltgeist sucht, sondern in den Dingen selbst. Und zwar in den Widersprüchen, die den Dingen innewohnen. Dazu gehört auch der Begriff der Verfremdung. Das bedeutet, die Vorgänge dem Zugriff des Zuschauers auszuliefern, indem man sie der Gewöhnung entzieht und in ihrer ungewöhnlichen Widersprüchlichkeit aufdeckt. Widersprüche versetzen den Zuschauer in die Lage, Dinge von ihrer wirklichen Seite her zu verstehen. Das ist die Seite ihrer Veränderbarkeit. Aber gerade diese Seite, obwohl sie die wesentlichste ist, wird im alltäglichen Umgang von Gewohnheiten verdeckt, sie wird *unsichtbar*. Hegel sagt, dass das Bekannte, weil es bekannt ist, nicht erkannt ist.[204] Brecht will das Erkennen wieder in Gang setzen und durch Verfremdung des Gewohnten Gewohnheiten zerstören, um jenes Unsichtbare wieder sichtbar zu machen. Das Sichwundern ist im Theater Brechts Quelle aller Erkenntnisse, aller Impulse, allen Humors. Und damit allen Genusses.

Ein drittes Kriterium für das Brecht-Theater ist die Wirkung auf das Publikum. Nach Brecht gilt es zwei Künste zu entwickeln, die Schauspielkunst und die Zuschaukunst. Theater bekommt seine Würde als Stätte der Unterhaltung, wenn der Zuschauer spielend das auf der Bühne Gezeigte auf die Bedürfnisse und Erfahrungen seines Lebens umlegt. Der Zuschauer wird also selbst zum Produzenten, zum Mit-Erzähler. So könnte man kurz die Wirkungsweise auf das Publikum nennen.

Und als viertes und letztes Kennzeichen möchte ich die Arbeitsweise nennen, die ich, was die Aneignung der Welt betrifft, für universell halte. Insofern anwendbar auf alle Stücke, die in widersprüchlicher Weise von der Welt berichten, gleich, ob in direkter oder fantastischer Form, in alten oder modernen Gewändern, ja, auch Absurdes ist willkommen, wenn die Menschen gezeigt werden, die es hervorbringen.

Brecht probte, wie er lebte. So wie er redete, so ging er auch zur Probe: scheinbar ziemlich unvorbereitet. So wie er für sein kaputtes Auto die Ästhetik des Gebrauchtseins erfand, entwickelte er für sich, da er sich wirklich nichts merkte, die Kunst des Vergessens.

Wenn er etwas inszenierte, waren wir Assistenten am nächsten Tag verpflichtet, ihm zu sagen: »Brecht, gestern haben Sie das so und so gemacht.« Und da kam von ihm: »Ich? Niemals, das ist unmöglich, das stimmt nicht. Hab ich nie gemacht.«

204 Vgl. Georg Wilhelm Friedrich Hegel: Phänomenologie des Geistes (Vorrede). In: Ders.: Werke, Bd. 3. Frankfurt a. M. 1979, S. 35.

Dann inszenierte er es neu. Es war ein dialektisches Prinzip, bestehend aus *trial and error*. Er fing immer wieder neu an, sozusagen von null, um nicht der Illusion anheimzufallen, etwas zu sehen, was nur in seinem Kopf vorhanden war. Das mag stimmen, aber er ging mit einer wirklich souveränen Unwissenheit an seine Stücke und wunderte sich oft darüber, was er da alles geschrieben hat. Als wir zum Beispiel *Die Tage der Commune* bearbeiteten, hörten wir manchmal von ihm: »Das kann ich doch nicht geschrieben haben, das stimmt nicht!«

Auf der anderen Seite hatte er das Sichwundern zur Grundregel des Theaters erklärt. Jeder Komiker weiß, dass eine Szene auf der Bühne Verwunderung im Publikum erzeugen muss. Dieses Sichwundern kultivierte Brecht. Für ihn war die Tatsache, dass er sich über Dinge wundern und über sie lachen konnte, ein Kriterium für deren Richtigkeit. Seine Proben begannen insofern recht zwanglos. Aber wenn er mit der Weigel arbeitete oder mit Schall oder einzelnen anderen Schauspielern, dann arbeitete er fast nach goethischen Schauspielregeln. Dann beharrte er zum Beispiel auf dem ganz bestimmten Gestus.

Gleichzeitig schaffte er eine Atmosphäre der Gemeinschaft, obwohl er immer dominierte. Es herrschte eine Atmosphäre ohne Angst. Man hatte vor Brecht Respekt, aber man fürchtete ihn überhaupt nicht, im Gegensatz zum Beispiel zu Engel, der Furcht verbreitete schon bevor er auch nur den Zuschauerraum betrat.

Über die Proben beim Berliner Ensemble ist viel geschrieben worden. Man bekommt davon einen Eindruck, wenn man sich die Aufzeichnungen der Proben zum Kreidekreis *und zu* Leben des Galilei *anhört. Wie würden Sie Brechts Probenarbeit beschreiben?*

Im Berliner Ensemble gab es öffentliche Proben. Wir wurden daran gewöhnt, immer vor Publikum zu arbeiten. Proben waren Vorstellungen. Vor allem Brecht mochte das, die Leute sollten studieren. Es kamen auch sehr viele Ausländer. Erst vor einer Woche kam der jetzige Leiter des Staatstheaters Istanbul, Kipper heißt der, ein Germanist, der sehr gut deutsch spricht, zu mir und sagte: »Ich war bei Ihnen auf der Probe und habe hospitiert im *Galilei*.« So kommen viele Leute, die uns zugeschaut hatten und jetzt selbst Theater machen. Das war Brechts Absicht, dass sie nicht nur Vorstellungen sehen, sondern der Arbeit beiwohnten. Für uns Regisseure war es ein Gräuel, dass man im Grunde immer eine Show abziehen musste. Ich mochte das nicht, Palitzsch verkroch sich völlig, Besson lag es eher.

Doch Brecht verlangte offene Proben, und deshalb kamen so viele Leute. Übrigens hatte Brecht als Einziger eine Raucherlaubnis im Schiffbauerdamm-Theater erwirkt, allerdings unter der Bedingung, dass immer ein Assistent mit Eimer neben ihm herlaufen musste, wenn er auf die Bühne ging. Das wurde eine Zeitlang auch eingehalten. Wir hatten extra jemanden engagiert zum Eimertragen für Brecht. Das waren Privilegien! Wir durften nicht rauchen. Wir mussten ins Foyer gehen.

Wie war Brecht als Lehrer?

Angenehm, denn er lehrte nicht. Man konnte sich beteiligen an seinen Gedanken, man konnte neben ihm sitzen, man konnte ihm folgen, man konnte ihm sogar widersprechen, wenn man es begründen konnte. Er überprüfte nicht, was man lernte. Er verlangte auch nicht, dass man lernte. Er überließ das jedem selbst. Er beurteilte uns nach der berühmten Formel, dass das Interesse der Gradmesser des Talents sei. Das steht in dem *Beschimpfungsbrief*, den wir Weihnachten 1952 bekamen – und der Satz stimmt. Wenn sich jemand für etwas interessiert und aus Interesse lernt, ist das ein besseres Lernen als ein aufgezwungenes. Insofern maß er das Talent vor allem am jeweiligen Interesse für das Theater und nicht nur an der Fähigkeit dafür, es zu machen. So hatten wir einen sehr hohen Mitarbeiterschwund mangels Kontrolle, also aus Faulheit. Als ich anfing, waren wir zwölf Assistenten, es blieben dann drei.

Man lernte auf ganz vielfältige Weise von Brecht, bisweilen führte seine dialektische Betrachtung zu ganz überraschenden, für uns manchmal auch fragwürdigen Einsichten. Als wir 1952 mit ihm immer wieder nach Buckow fuhren, entdeckten wir auf den Feldern Pflüge, die ungenutzt vor sich hin rosteten. Wir waren empört und schimpften, so etwas hielten wir gerade bei Genossenschaftsbauern mit der Bauernehre unvereinbar und beriefen uns auf Marx. Brecht war entsetzt, aber nicht über die Bauern, sondern über uns. Unser Denken weise einen grässlichen Mangel an Dialektik auf. Ob denn ein Bauer immer ein Bauer bleiben müsse, wie Gott ihn geschaffen habe, also ein Untertan seines Hofes? Was wir die Bauernehre nennen würden, sei doch nichts anderes als die Ehre, sich selber zu versklaven. Wenn die Bauern Menschen werden wollten wie andere, müssten sie diese gottgewollte Ehre abstreifen. Die verrosteten Maschinen auf dem Feld seien ein Skandal, aber ein Skandal für uns, da wir auf die Bauern angewiesen seien. Für die Bauern sei dies aber ein notwendiger Befreiungsakt, und wo stehe geschrieben, dass Befreiungsakte ohne Verluste abgingen? Ja, vielleicht seien die Bauern in die Ferien gefahren, aber solle ein Bauer denn nicht dürfen, was ein Städter dürfe? Wenn wir schon von Marx redeten, dann sollten wir davon reden, dass nach einer Gesellschaftsumwälzung die freie Entwicklung eines jeden die Bedingung für die freie Entwicklung aller sei. Und nicht nur in positiven Ergebnissen dieses Landes zeige sich das Humanere gegenüber der alten Gesellschaft.

Das war einer jener Salti mortali, die wir kannten, wenn Brecht sich von der Dialektik hinreißen ließ, und ich muss gestehen, dass man ebenfalls mitgerissen wurde. Aber immer blieb da ein Rest von Verdacht, dass das nicht alles stimmen konnte, wovon man da mitgerissen wurde. Und als wir wieder an den Äckern vorbeifuhren, war die alte Wut wieder da, nur vielleicht etwas vorsichtiger, was Marx betrifft.

Es ist auffallend, dass Brecht mit vielen jungen Leuten zusammenarbeitete. Sie waren jung, Besson und Monk ein bisschen älter, aber auch noch sehr jung.

Ja, das war ein Glücksfall, wenn auch ein aus dem Unglück entstandener Glücksfall. Die Herrschaft der Nazis brachte mit sich, dass eine ganze Generation auswanderte, darunter Leute wie Therese Giehse und Wolfgang Heinz[205].

205 Wolfgang Heinz (1900–1984), deutscher Schauspieler und Regisseur. Der überzeugte Kommunist floh 1934 in die Schweiz und arbeitete am Züricher Schauspielhaus als Schauspieler und Regisseur. Im Jahr 1946 nahm er ein Engagement am Wiener Volkstheater an und wechselte 1948 an die Scala Wien. Von 1956 bis 1969 wirkte er am Deutschen Theater in Ostberlin, zunächst als Oberspielleiter, dann als dessen Direktor.

Wolfgang Langhoff[206] und Erwin Geschonneck waren im Konzentrationslager. Das bedeutete, dass die Generation der Meister, der Könner, sich dann am Züricher Schauspielhaus versammelte. Dort fanden ja auch die Uraufführungen von *Mutter Courage* und *Leben des Galilei* statt. Ansonsten gab es niemanden. Die Leute waren im Krieg geblieben. Und so standen neben den alten Meistern nur die wirklich Jungen, die gerade erst anfingen, zur Verfügung.

Dieses Zusammentreffen von großen Schauspielern der Emigration und den Nachwuchstalenten, wie das Zusammentreffen von Therese Giehse und Egon Monk zum Beispiel, hatte etwas Besonderes, sofern sie einander akzeptierten. Auf diese Art und Weise litten die Jungen nicht unter ihrem Jungsein – was am Deutschen Theater völlig anders war. Als ich da anfing, hatte man nichts zu melden, solange man nicht wenigstens fünf Jahre *gedient* hatte. Im Berliner Ensemble profitierten beide Seiten von der Zusammenarbeit und lernten viel voneinander. Das war ein unheimliches Glück für uns alle. Die erfahrenen Meister der Zeit vor 1933 wurden angeregt, sich noch einmal infrage zu stellen, sich selber zu erneuern. Und die Jungen machten sich die Erfahrung der Alten zunutze. Wenn man Therese Giehse zuschaute, lernte man in zehn Minuten weit mehr über Schauspielkunst als in einem ganzen Jahr an einer Theaterakademie.

Wichtig war also die praktische, die konkrete Arbeit. Sie durften Ihre Ideen gleich selber ausprobieren. Sie bekamen Ihre erste größere Aufgabe 1951, als Mutter Courage *neu einstudiert wurde. Wie war es, bei der Probe plötzlich neben Brecht zu sitzen?*

Im Rückblick denke ich mir, ich müsste diese große Aufgabe eigentlich mit sehr viel Respekt angegangen sein, gedrückt von Sorge und Selbstzweifeln.

206 Wolfgang Langhoff (1901–1966), deutscher Schauspieler, Regisseur und Intendant. 1934 floh er mit seiner Familie in die Schweiz, wo er am Schauspielhaus Zürich engagiert wurde. 1945 kehrte er nach Deutschland zurück und leitete von 1946 bis 1963 das Deutsche Theater in Ostberlin. Gleich nach Übernahme dieser Intendanz plante er die Inszenierung von Stücken Brechts; er gab dem Berliner Ensemble von 1949 bis 1953 Gastrecht.

Aber Brecht verbreitete durch seine Kunst der Naivität, des Direkten, des Unmittelbaren so viel Experimentierfreude, dass wir geradezu verwegen an die Arbeit gingen. Allerdings gab es dort auch viele Leute, die mir als jungen Menschen mit einundzwanzig Jahren zunächst Furcht einjagten. Dazu gehörte jener hochstirnige Peter Palitzsch, der uns mit unendlicher Herablassung behandelte, mit dem ich mich später jedoch eng befreundete. Aber anfangs blickte er von der hohen Warte auf uns herab. Er arbeitete in der Dramaturgie, bei den *Großkopfeten*. Ich war es, der ihn später zur Regie brachte. Das lag daran, dass ich nicht wollte, dass er als Chefdramaturg während meiner Proben hinten in der letzten Reihe saß, mit dieser hohen Stirn und der Hornbrille. Ich wusste, er kritisiert mich, ohne etwas zu sagen. Deshalb holte ich ihn ans Regiepult, und er musste an Ort und Stelle etwas sagen. Er bereute diesen Wechsel nie, aber zunächst geschah diese Intervention sowohl gegen seinen als auch Brechts Willen.

Egon Monk und Benno Besson waren beide sehr freundliche Menschen. Besson spielte natürlich sein französisches *savoir vivre* aus. Er war ein äußerst sympathischer Mensch, der viel Optimismus ausstrahlte. Aber die Zeit war damals nicht gerade freudestrahlend. Zwar herrschte überall große Aufbruchstimmung, aber die Möglichkeiten, sich ein wenig zu vergnügen, waren schmal gesät. Trotzdem: Wenn wir bei Benno Besson Fondue aßen, konnten wir uns tatsächlich – wenn wir genügend aßen – betrunken essen. So brachte Besson eine Kunst des Fröhlichseins ganz neuer Art ins Theater. Das schätzte auch Brecht, dem diese Art völlig fremd war, sehr an ihm. Es spricht wieder für Brecht, dass er diese Eigenheiten dann nicht ablehnte, sondern sich daran freute, sie nutzte und ausschöpfte. Wie gesagt: Es umgab ihn nicht die Aura des Unnahbaren, keine Mauer der Autorität. Man setzte sich neben ihn und redete ihn mit Brecht an, so wie auch er alle mit dem Nachnamen anredete. So hatte ich von Anfang an überhaupt keine Hemmungen.

Wie ging Brecht mit Kritik um, durfte man ihn als Assistent kritisieren?

Nur wenn man sie vernünftig begründen konnte. Allerdings waren bei ihm Vernunft und Verstand keineswegs deckungsgleich. Wenn sein Verstand ihm sagte, dass jemand recht hatte, glaubte ihm das seine Vernunft noch lange nicht.

Dazu gibt es eine schöne Geschichte: Ich hatte mit Brecht *Katzgraben*[207] von Erwin Strittmatter[208] neu inszeniert, als Palitzsch von einer Inszenierung aus Schweden zurückkam und sich die Premiere ansah. Wir waren sehr stolz auf unsere Arbeit, ein schwieriges Zeitstück, vielleicht am Ende etwas kitschig. Es war meine erste Zusammenarbeit mit Brecht, er schenkte mir die erste Ausgabe seiner Werke im Suhrkamp Verlag mit einer Widmung für die Hilfe bei *Katzgraben*. Brecht fragte: »Palitzsch, wie fanden Sie die Inszenierung?« Wir hofften auf ein: »Gut gelöst!«, oder etwas Ähnliches. Palitzsch, der ein Sachse ist, antwortete aber: »Mörderich.« (Die Sachsen können kein Sch sprechen!) Brecht stutzte, machte auf der Stelle kehrt und redete mit Palitzsch sechs Wochen lang so gut wie nicht.

Brechts äußerste Beleidigung eines Menschen, seine schärfste Demütigung war, jemanden als Herr zu titulieren. Sprach Brecht Palitzsch in Besprechungen doch einmal an, hieß Palitzsch nun sechs Wochen lang »Herr Palitzsch«. Brechts Verachtung wirkte verheerend auf Palitzsch' Stimmung. Nach sechs Wochen bimmelte bei ihm abends das Telefon, und er ging ran: »Störe ich? Hier Brecht. Ich hab da eine Frage ...« – Brecht redete von irgendeiner Nebensache, von einem Programmheft und so weiter. Palitzsch erinnerte sich später sehr genau an diesen Anruf, da er zu dieser Zeit gerade mit Käthe Rülicke im Bett lag, die ja auch von Brecht begehrt wurde. Palitzsch wollte also schon wieder auflegen, als Brecht plötzlich fragte: »Und warum mörderisch?« Nach sechs Wochen! So lange hatte Brecht gebraucht.

Abgesehen davon, durften wir kritisieren, auch die Besetzung, ja, ganze Stücke wurden aufgrund unserer Kritik gestürzt. Das Schöne war, dass Brecht ein sehr spontaner Arbeiter war. Wir arbeiteten entsprechend dem alten Motto »Rin in die Kartoffeln, raus aus die Kartoffeln«, alles war möglich bei Brecht – und

207 *Katzgraben*, im Mai 1953 am Berliner Ensemble uraufgeführtes Drama von Erwin Strittmatter.

208 Erwin Strittmatter (1912–1994), Schriftsteller. Sein erstes Werk *Ochsenkutscher* erschien im Jahr 1951. Bis 1953 arbeitete er mit Brecht am Berliner Ensemble als Assistent. Strittmatter wurde vor allem mit seinem Roman *Ole Bienkopp* aus dem Jahr 1963 berühmt, der zu einem der meistgelesenen Bücher in der DDR wurde.

das machte Spaß. Wir kamen zum Beispiel zusammen und wollten uns eine Besetzung für *Don Juan*[209] überlegen, um dann, nach irgendwelchen Umwegen, von *Coriolan* zu sprechen. Wir gingen auseinander und wussten nun, wir machen *Coriolan*, was nie vorgesehen war. Ich sage immer, Brecht hat die Dialektik nicht gedacht, sondern gelebt. Er ließ Widersprüche in einem Moment aufeinanderprallen und nutzte sie im nächsten aus. Diese Vorgehensweise erschwerte natürlich die Arbeit eines Assistenten. Schließlich sollte man als Assistent genau sein und dokumentieren. Und da konnte man sich manchmal einer gewissen Wut oder Frustration nicht ganz erwehren.

Brecht konnte von einer wirklich grandiosen Ungerechtigkeit sein, zum Beispiel in der Beurteilung seiner Kollegen Goethe und O'Casey. Auch mit Musikern hatte er immer seine Probleme, weil sie sich sehr an Gewerkschaftszeiten hielten. Nach einer bestimmten Stundenzahl legten sie ihre Instrumente ab und machten einfach Pause. Das nervte Brecht wahnsinnig. Der folgende Wutausbruch ist als Tondokument erhalten. Brecht konnte unglaubliche Töne von sich geben, er hatte so eine schrille Stimme und fluchte in tiefstem bayerischem Dialekt. Und um die Musiker noch mehr zu beleidigen, war er zu dem Inspizienten mit Namen Charly, den er sonst anbrüllte, besonders höflich. Auf dessen Frage: »Wollen wir weitermachen?«, antwortete er ganz zuvorkommend: »Jawohl, Herr Charly, bitte schön.«

Wir haben vorher schon über einige Frauen Brechts gesprochen, die er vor oder während seines Exils kennengelernt hatte und denen Sie dann in Berlin begegnet sind. In den fünfziger Jahren kamen neue Frauen hinzu, zum Beispiel Isot Kilian.

Isot Kilian passte gar nicht in das Bild von Brechts Frauen, mit ihr zäumen Sie das Pferd von hinten auf. Sie war ja Brechts letzte Frau, seine Endmoräne,

209 Don Juan ist der klassische Charakter eines Frauenhelden. Die bekanntesten Darstellungen sind die Komödie *Don Juan* (1965) von Molière und die Oper *Don Giovanni* (1787) von Mozart. Brecht bearbeitete Molières Stück. Die Inszenierung unter der Regie von Benno Besson, die am 19. März 1954 Premiere hatte, war die Eröffnungsvorstellung des Berliner Ensembles im Theater am Schiffbauerdamm.

die wir alle ihm zur Erholung von den vielen anstrengenden Frauen gönnten. Brecht hatte sie bei mir am Regietisch kennengelernt. Ich war Co-Regisseur im *Kreidekreis*, und Kilian war Assistentin. Ich wunderte mich, dass Brecht, der ungern hinter dem Regiepult, sondern immer lieber vorne saß, so oft zu uns kam. Es stellte sich heraus, dass es dafür zwei Gründe gab: Der eine Grund war ein Mikrofon, das Hans Bunge[210] aufgestellt hatte, um die Proben mit Tonband aufzuzeichnen. Bunge nahm immer nur dann auf, wenn Brecht etwas sagte, denn man konnte das Band nicht durchlaufen lassen. Und der andere Grund, aus dem Brecht auffallend gern mal nach hinten kam, war eben Isot Kilian. Er drückte sich beim Rausgehen immer dicht an ihr vorbei, obwohl sie ja eigentlich meine Mitarbeiterin war. Sie verschwanden öfter gemeinsam, und wir merkten schnell, dass zwischen den beiden etwas lief.

Isot Kilian war sehr liebevoll, ausgeglichen, intelligent und freundlich. Viele Frauen, die mit Brecht zusammen waren, meinten, dass mit dem Beischlaf nicht nur Körperliches wechselt, sondern dass das Gehirn des einen übergeht in das des anderen. Bei Vampiren ist das ja so: Wer gebissen wird, wird selbst zum Vampir, wie in diesem grandiosen Polanski-Film, *Tanz der Vampire*[211]. In dieser Art hatte ich bei manchen Frauen den Eindruck, sie meinten, wenn sie mit Brecht geschlafen hatten, was ich ihnen ja gönnte und wogegen gar nichts spricht, wäre das nicht nur ein einfaches Liebesverhältnis. Nein, sie meinten, Brechts Intellekt, die Genialität wäre auf sie übergegangen. Sie sprachen dann wie Brecht, formulierten wie Brecht, kleideten sich wie Brecht oder zumindest so, wie es Brecht an Frauen gefiel. Er liebte damals Glockenröcke, wie er sie nannte. Das heißt, wenn bei uns im Theater eine *Dame* auftauchte, also ein Mädchen oder eine Frau, und sie trug dann einen Glockenrock, wussten wir Bescheid. Das war wie der Zahnabdruck des Vampirbisses.

Aber Isot Kilian war ganz anders. Sie kam ohne intellektuelle Höhenflüge aus, und obwohl sie sehr klug war, zeigte sie wenig schauspielerischen Ehrgeiz und meinte nicht, der Welt etwas beweisen zu müssen. Mit ihr kehrte Brecht

210 Hans Bunge (1919–1990), Germanist, Dramaturg und Autor, von 1956 bis 1962 Leiter des Bertolt-Brecht-Archivs in Berlin.

211 *Tanz der Vampire*, Vampirkomödie aus dem Jahr 1967 von Roman Polanski, die mittlerweile Kultstatus genießt.

noch einmal zurück zu wohltuender Normalität und in eine Phase großer Produktivität. Sie beanspruchte ihn nicht. Ruth Berlau hingegen tyrannisierte Brecht, besonders, nachdem er sich von ihr getrennt hatte. Er schrieb ihr Briefe, in denen er sie inständig bat, nicht zu trinken. Sie brachte ihn auch immer wieder mit verschiedenen Aktionen in Bedrängnis, nicht nur mit dem Pflasterstein. Sie störte auch unsere Proben.

Die anderen Frauen wollten Brecht besitzen, wollten sich über ihn verewigen. Hinzu kam, dass es in Brechts Charakter lag, sich entweder mangels Mut oder aus anderen Gründen nicht trennen zu wollen. Er setzte niemals einen wirklichen Schlusspunkt, sondern schleppte die alten Beziehungen immer noch nach, schrieb der eigentlich Verflossenen wieder ein Gedicht oder einen Brief und weckte so neue Hoffnungen und große Gefühle bei den Frauen.

Wie war Brechts Beziehung zu Käthe Reichel[212]?

Käthe Reichel war auch eine Proletarierin. Sie kam aus niedersten Verhältnissen, ursprünglich hieß sie Waltraud. Wie auch andere benannte Brecht sie schnell um, zunächst in Katrin und dann in Käthe. Wir arbeiteten damals mit Regine Lutz[213] und Sabine Thalbach[214], großartige Schauspielerinnen mit einer gewissen Bürgerlichkeit. Und dann kam die Reichel aus Schwerin. Egon

212 Käthe Reichel (geb. 1926) deutsche Theater- und Fernsehschauspielerin; nach ersten Rollen in Rostock, Greiz und Gotha kam sie 1950 zum Berliner Ensemble. Sie spielte viele wichtige Rollen wie das Gretchen im *Urfaust* oder die Grusche im *Kaukasischen Kreidekreis*. Seit 1961 gehört sie zum Ensemble des Deutschen Theaters in Berlin. Außerdem engagiert sie sich aktiv für Bürgerrechte und gegen Kapitalismus.

213 Regine Lutz (geb. 1928), schweizerische Schauspielerin, spielte 1948 bei der Uraufführung von *Herr Puntila und sein Knecht Matti* in Zürich das Kuhmädchen und war von 1949 bis 1960 am Berliner Ensemble engagiert, wo sie unter anderem in *Mutter Courage und ihre Kinder*, *Das Leben des Galilei* und *Die Dreigroschenoper* spielte.

214 Sabine Thalbach (1932–1966), deutsche Schauspielerin, begann im Jahr 1949 ihre Schauspielkarriere am Berliner Ensemble. Mutter der Schauspielerin Katharina Thalbach.

Monk hatte sie entdeckt. Sie war wie ein proletarisches Irrlicht, das ungestüm durch unsere Bürgerlichkeit flackerte. Sie bot genau das, was Brecht sehen wollte – die Verhaltensweise von Proletariern. Er interessierte sich zunächst und in erster Linie für Verhalten, und daraus wurde dann – nicht ohne Schuld der Mädchen – ein Verhältnis. Die Reichel tauchte oft in den Proben auf, saß in der ersten Reihe, lachte an Stellen, wo es nichts zu lachen gab, was immer ein Zeichen für das Interesse der Frauen an Brecht war und womit sie nicht die Einzige war. Auch sonst nutzte sie jede sich bietende Gelegenheit, seine Aufmerksamkeit auf sich zu lenken. Sie war eine sehr spezielle, aber in ihrer Weise gute Schauspielerin und hatte durchaus einen Reiz, den andere nicht hatten.

Käthe Reichel war für Brecht der Anlass, sich mit *Urfaust* zu beschäftigen. Monk erhielt eines Tages, obwohl es ihn nicht sehr reizte, einen knappen, klaren Auftrag: *Urfaust*. Der *Urfaust* wurde herangeschafft, Brecht hatte ihn natürlich nicht mehr so genau im Kopf – tatsächlich hatte er ihn wohl nie richtig gelesen –, stellte nun fest, dass eine Menge fehlte, unter anderem der Teufelspakt. Er ergänzte die fehlenden Teile und schrieb wunderbare Verse. Die Rolle des Gretchens bekam natürlich Käthe Reichel, damals Katrin Reichel. Dann begannen die Proben. Monk inszenierte eine wunderschöne *Auerbachs Keller*-Szene. Wenn die Szenen mit der Reichel kamen, erschien Brecht, setzte sich hinter Monk und behauptete, nur ein paar Hinweise geben zu wollen. Es dauerte nicht lange, und er saß neben Monk, und bald darauf saß er vor Monk, und letztlich stand nur noch Brecht auf der Bühne. Monk saß hinten und schaute resigniert zu. Auf die Reichel war er seitdem nicht mehr so gut zu sprechen.

Für uns brachte der *Urfaust* ganz wesentliche neue Entdeckungen mit sich. So war auch Hans Mayers[215] Analyse der Widersprüchlichkeit des Faust für uns eine Hilfe. Ihm ging es eben nicht um das Faustische, dass der Drang zum Wissen alle Leichen entschuldigt. Hans Mayer kam mehrmals eigens zu Vor-

215 Hans Mayer (1907–2001), Literaturwissenschaftler, 1948 nahm er eine Professur in Leipzig an und wurde einer der einflussreichsten Literaturwissenschaftler der neueren deutschen Literatur. Im Jahr 1963 verließ er die DDR und lehrte erst in Hannover, später in Tübingen.

trägen ins Berliner Ensemble und stellte Faust kritisch dar und konstatierte, dass auch Wahrheitssucher nicht über Leichen gehen dürfen. Die Parteipresse griff uns damals stark an. Die große Belebung der *Faust*-Rezeption aber wurde dadurch entflammt, dass Brecht in seiner Genialität auf den ersten Blick gemerkt hatte, was den bürgerlichen Aufführungen des Stücks an Dialektik fehlte. Er baute damals seine Vorurteile gegen Goethe ab und entwickelte ihm gegenüber sogar eine große Hochachtung. Die Inszenierung war trotzdem nicht gut.

Aber immerhin gehen literaturwissenschaftlich wesentliche Entdeckungen, die Faustfigur und ihre Rezeptionsgeschichte betreffend, auf Käthe Reichel als Anlass zurück.

Sie sagten vorher, das Verhältnis zu Isot Kilian habe sich sehr positiv auf Brecht ausgewirkt.

War das bei Käthe Reichel nicht so?

Käthe Reichel verjüngte Brecht sehr. Wir bekamen das hautnah mit. Wir hatten in Buckow in Brechts Gärtnerhaus oben unsere »Kaserne« mit Feldbetten. Da mussten wir übernachten, und Brecht legte Wert darauf, dass wir um zehn Uhr verschwanden, um früh frisch an Ort und Stelle zu sein. Auch insofern ist die Darstellung von Bierbichler[216] also albern. Brecht war als Schwabe ein Preuße. Daher wurden wir ziemlich kurz und streng gehalten. Wir mussten uns rasieren, wenn wir nicht Brechts Unwillen erregen wollten. Er selbst war auch immer rasiert, immer gewaschen und trug – im Gegensatz zu gängigen Behauptungen – immer saubere Hemden. Und die grauen Jacken waren von bester Qualität.

Während unserer damaligen Arbeit wohnte die Reichel in Brechts Nähe. Sie kam dann abends und lenkte Brecht – zu unserem Leidwesen – sehr von der Arbeit ab.

Gleichzeitig war die Reichel für uns aber auch ein Glücksfall, denn ihre Besuche waren für uns immer eine Zeit, in der Brecht beschäftigt war und wir

216 Vgl. S. 19.

Muße hatten. Wenn sie unten ankam, wurden wir hochgeschickt. Um zehn Uhr schlichen Palitzsch und ich dann über die Hintertreppe zu dem Kahn, der unten stand in Buckow, und ruderten quer über den See in die *Fischerkehle*. Dort konnten wir in aller Ruhe reden und natürlich trinken, bis das Gasthaus um zwölf Uhr schloss. Um Mitternacht schlichen wir wieder hoch, und in der Früh waren wir wieder ganz fidel. Insofern verschaffte die Reichel uns Zeit für uns selbst.

Käthe Reichel gefiel Brecht auch, weil sie völlig ungewöhnlich war und blieb. Heute macht sie sehr gute politische Arbeit. Aber wir mochten sie nicht sehr. Sie schrieb auch schlimme Briefe über uns Assistenten. Besson fing mal Briefe ab, die sie an Brecht geschrieben hatte, in denen negative Sachen über uns standen.

Trotzdem inszenierte Besson später mit ihr in der Hauptrolle den *Guten Menschen von Sezuan*[217].

Es gab von ihr einen Selbstmordversuch. Hatte das mit Brecht zu tun?

Ja, aber mit auffällig wenigen Schlaftabletten. Es war eine Woche vor der Premiere des *Kaukasischen Kreidekreis*, Käthe Reichel spielte die Gouverneurin. Sie gefährdete damit die Uraufführung. Wahrscheinlich als Protest gegen Brecht. Denn sie konnte während der Proben beobachten, dass Brecht hinter dem Regiepult Isot Kilian, damals Regieassistentin, seine Sympathien zeigte. Ging er auf die Bühne, um den Schauspielern etwas vorzumachen, ging er nicht die freie Seite am Regiepult nach vorn, sondern zwängte sich recht liebevoll an Isot Kilian vorbei.

Käthe Reichel, die wie alle Geliebten (von denen Brecht übrigens bedeutend weniger hatte als zum Beispiel Goethe) ihre Beziehung zu Brecht für dauerhaft hielt, konnte das nicht fassen, durfte ihre Enttäuschung aber nicht zeigen, weil ihr Verhältnis zu Brecht, das jedermann kannte, *geheim* bleiben sollte. So kam

217 *Der gute Mensch von Sezuan*, Theaterstück Bertolt Brechts, das am 4. Februar 1943 am Schauspielhaus Zürich uraufgeführt wurde. In der Inszenierung 1957 am Berliner Ensemble spielte Käthe Reichel Shen Te/Shui Ta.

es vermutlich zu dem Selbstmordversuch. Brecht nahm ihr das als Verstoß auch gegen die Ethik des Schauspielerberufes sehr übel.

Für Helene Weigel war es sicher eine Genugtuung, kurzfristig die Rolle der Gouverneurin zu übernehmen.

Noch eine von Brechts Frauen: Käthe Rülicke.

Käthe Rülicke ist eine besondere Geschichte. Sie war eine ABF-Studentin, was Arbeiter-und-Bauern-Fakultät bedeutet. Das war eine Einrichtung, mit deren Hilfe Arbeiter das Abitur nachmachen und dann studieren konnten. Die Käthe, eine hochbegabte, sehr ehrgeizige, auch politisch ambitionierte Frau, machte so ihr Abitur und ging dann zu Hans Mayer, um Literatur zu studieren. Dabei hörte sie von Brecht und seinen Schriften. Auf ihre Art und Weise war sie auch Proletarierin, was doch für Brecht stets von Bedeutung war. Wahrscheinlich spielte auch die Tatsache eine Rolle, dass ihm Margarete Steffin immer noch präsent war. Brecht liebte ja, wie er sagte, nicht nur die Planung, sondern auch die Ahnung. Er hing sehr an Käthe Rülicke. Sie entsprach Brechts – vermutlich durch die Steffin geprägten – Vorstellungen von einer tätigen Frau.

Käthe Rülicke wurde, als sie zu uns kam, nicht nur von Brecht, sondern überhaupt von unseren Intellektuellen sehr begehrt. Und da kam – Peter wird mir meine Offenheit verzeihen – etwas ganz Kompliziertes zustande: Palitzsch verliebte sich in sie! Ausgerechnet Palitzsch, der aussah wie die Erfindung eines Intellektuellen von George Grosz[218]. Eigentlich war er Dachdecker von Beruf. Damit hatte er früher seine Familie in Dresden durchgebracht, allerdings nicht lange. Im Krieg handelte er sich wegen Kritik ein Todesurteil ein, wusste als *Offiziersbursche* aber von den Offizieren zu viel, als dass sie ihn erschossen. Er war also kein Intellektueller im herkömmlichen Sinne, aber er hatte sich dazu entwickelt. Und nun verliebte er sich in Käthe. Genauso

218 George Grosz (1893–1959), Maler und Karikaturist, berühmt sind vor allem seine Bilder aus den zwanziger Jahren, die häufig mit sozial- und gesellschaftskritischen Darstellungen provozierten; erhielt nach Arbeiten für das Theater von Piscator und Brecht 1932 einen Lehrauftrag in den USA.

wie Brecht. Dadurch entstand ein Riesenproblem. Denn es kamen oftmals Anrufe vom Partner, während der jeweils andere gerade mit ihr beschäftigt war. Ich weiß nicht, ob Brecht jemals von Rülickes Verhältnis mit Palitzsch erfuhr.

Jedenfalls war sie eine ungeheuer fleißige Person und hatte ebenso wie seinerzeit Steffin diese bienenhafte Sammlerleidenschaft. Da Brecht nicht lehrte, musste man sich bei ihm alles zusammensuchen. Sie schrieb sehr viel, auch einzelne Äußerungen – und mit Hilfe ihrer Aufzeichnungen bekam Brecht plötzlich ein System in sein Chaos. Sie ordnete sein Leben – menschlich und schriftlich – und war daher für Brecht ein großer Segen. Sie wurde und blieb Brechts künstlerische Organisatorin. Gleichzeitig war sie auch Sekretärin der Betriebsgruppe der SED, also die Leiterin der SED-Gruppe. Ich schätzte sie sehr, nicht zuletzt auch wegen ihrer ungeheuren Verlässlichkeit.

Nach Brechts Tod heiratete Käthe Rülicke. Ich arbeitete damals mit Helmut Baierl[219] an einem neuen Stück für Helene Weigel. Wir verlegten die *Mutter Courage* in die DDR und machten sie gegenüber dem neuen Staat zu einer sehr witzigen Kritikerin und Querulantin. Es wurde in der DDR einer der größten Komödienerfolge eines modernen Stückes: *Frau Flinz*[220]. Als Vorbild für die literarische Figur des Hauptdarstellers diente ein Mann namens Weiler, der wie ich aus Köthen stammte und meine einstige Laienspielgruppe in jeder Weise gefördert hatte.

Ich war zu dieser Zeit noch Antikommunist und gehörte der LDP, den Liberalen, an. Weiler brachte uns vom Liberalismus dieser Art etwas ab. Und diesen Mann heiratete die Rülicke. Daraufhin hieß sie dann Weiler: Käthe Rülicke-Weiler.

Eine wichtige Frau im Ensemble war auch Regine Lutz.

219 Helmut Baierl (1926–2005), deutscher Dramatiker; 1959 von Helene Weigel ans Berliner Ensemble geholt.

220 *Frau Flinz*, Komödie von Helmut Baierl, die am 25. April 1961 unter der Regie von Manfred Wekwerth und Peter Palitzsch und mit Helene Weigel in der Hauptrolle am Berliner Ensemble uraufgeführt wurde.

Regine ist eine hochintelligente Frau, deren Spielweise den Stil und das schauspielerische Handwerk des Berliner Ensembles sehr prägte. Ich mochte sie sehr. Für sie wurden besondere Stücke herausgesucht, zum Beispiel *Pauken und Trompeten*[221]. Das Stück *Turandot*[222] schrieb Brecht direkt für sie. Sie war als Frau immer begehrt, auch von Ernst Busch übrigens. Und Brecht mochte sie sehr, was man schon daran erkennt, dass er bis zu seinem Tod Stücke für sie suchte.

Ich möchte nun zu politischen Fragen im Zusammenhang mit dem Berliner Ensemble kommen. Das Verhältnis zur Staatsführung, besonders auch zur Parteibürokratie war nie unbelastet. Zur ersten großen Auseinandersetzung kam es anlässlich der Inszenierung von Lukullus[223].

221 *Pauken und Trompeten* ist die letzte abgeschlossene Bearbeitung des Berliner Ensembles, an der Brecht beteiligt war. Wie schon bei der *Dreigroschenoper* ging die Initiative zur Übersetzung und Bearbeitung dieses Stücks, George Farquhas 1706 uraufgeführte Komödie *The Recruiting Officer*, von Elisabeth Hauptmann aus. Am 19. September 1955 hatte das Stück Premiere.

222 *Turandot oder Der Kongreß der Weißwäscher* ist Brechts letztes Stück. Er hatte bereits in den dreißiger Jahren eine Bearbeitung von Carlo Gozzis bzw. Friedrich Schillers *Turandot* geplant. Die Niederschrift des Stücks erfolgte im Sommer 1953 in Buckow. Die Uraufführung fand am 5. Februar 1969 am Züricher Schauspielhaus unter der Regie von Benno Besson statt.

223 *Das Verhör des Lukullus / Die Verurteilung des Lukullus*, zunächst ein Hörspiel, das im September 1939 im schwedischen Exil entstand. Paul Dessau und Brecht wandelten das *Radiostück* in eine Bühnenoper um. Es setzte eine Kampagne gegen das Werk ein, dem man *Formalismus* vorwarf. Am 17. März 1951 fand die Uraufführung, auch als Probeaufführung bezeichnet, an der Berliner Staatsoper statt, vor geladenem, zu Missfallensbekundungen angehaltenem Publikum. Die Uraufführung wurde unter dem Jubel der Zuschauer dennoch ein großer Erfolg. Nach Gesprächen mit der Staatsführung nahm Brecht Änderungen vor und brachte die Oper dann am 12. Oktober 1951 unter dem Titel *Die Verurteilung des Lukullus* auf die Bühne der Berliner Staatsoper. Vgl. auch Anmerkung 226.

Sie haben die damaligen Vorgänge unmittelbar miterlebt. Können Sie uns die Auseinandersetzung um Lukullus *schildern?*

Die Staatsbürokratie, die DDR, gibt es in dem Sinne nicht, entsprechend dem schönen Satz: »Die DDR ist das, was jeder in ihr erlebt hat«, und man konnte dort die unterschiedlichsten Dinge erleben. Es gab in der damaligen Regierung sehr humanistische Leute mit umfassenden Kenntnissen und großen Qualitäten wie Paul Wandel, den Volksbildungsminister, der ja Brechts unmittelbarer Partner war, oder auch Pieck[224], ein großer Theaterfreund und sehr unabhängiger Geist. Es gab aber auch die Gruppe um Ulbricht, deren Mitglieder zwar intelligent waren und über großes Organisationstalent verfügten, jedoch sehr administrativ und bevormundend in Erscheinung traten. Innerhalb dieser Partei waren Kämpfe in Gange, die jetzt erst richtig ans Tageslicht kommen.

Anton Ackermann[225] beispielsweise war ein Ideologe, der eine spezifisch deutsche, nicht die sowjetische Form des Sozialismus erstrebte. Und es gab einen sehr jungen Politiker, heute würde man sagen: einen Shootingstar der Politik, das war Wolfgang Harich. Er hatte als Mitarbeiter der *Täglichen Rundschau* großen Einfluss. Er war Kritiker und Feuilletonist und verehrte Brecht sehr. Harich wurde in der DDR mit offenen Armen empfangen. Er hatte zunächst von der Staatsbürokratie nichts zu befürchten.

224 Wilhelm Pieck (1876–1960), deutscher Politiker; Gründungsmitglied der KPD im Jahr 1918. Nach dem Zweiten Weltkrieg kehrte er aus dem Moskauer Exil zurück und war maßgeblich am politischen Neuanfang in der sowjetischen Besatzungszone und der Vereinigung von KPD und SPD zur SED beteiligt. Mit der Gründung der DDR im Jahr 1949 war er bis zu seinem Tode deren erster und einziger Präsident.

225 Anton Ackermann (1905–1973), deutscher Politiker; trat 1926 in die KPD ein und ging nach seiner Teilnahme am Spanischen Bürgerkrieg in den Jahren 1937 und 1938 ins Moskauer Exil. 1945 kehrte er nach Deutschland zurück. Im Februar 1946 erschien sein berühmter Artikel: *Gibt es einen besonderen deutschen Weg zum Sozialismus?* Mit Gründung der DDR wurde er Staatssekretär im Außenministerium, 1950 Mitglied des ZK der SED und Kandidat des Politbüros; von 1954 bis 1958 leitete er die Hauptverwaltung Film beim Ministerium für Kultur.

Aus der Sowjetunion schwappte dann die Formalismusdiskussion[226] zu uns herüber, die der Parteifunktionär Andrej Shdanow[227] damals auslöste, die aber schon während der Emigration begonnen hatte. Damals griff Lukács, der später eine ganz andere Rolle spielte, Brecht scharf an. Er kritisierte in der Zeitschrift *Das Wort* Brechts episches Theater, worüber dieser sehr unglücklich war – es offenbarten sich wahre Grabenkriege unter den Kommunisten.[228] Und die wurden dann später in der DDR ausgetragen. Mochte Brecht auch einflussreiche Gewährsmänner haben, so belastete es ihn dennoch, dass es auf der anderen Seite Leute gab, die ihn nicht verstanden, darunter Wilhelm Girnus[229], der später vom Saulus zum Paulus wurde. Er wurde nämlich ein sehr großzügiger Chefredakteur der Berliner Literaturzeitschrift *Sinn und Form.*

Durch die Formalismusdiskussion in der Sowjetunion gewannen Brechts Gegner hier teilweise die Oberhand. Wir merkten das in der Theaterarbeit. Brecht wurde gegen Stanislawski ausgespielt und als dessen Feind bezeichnet

226 Als Formalismusdebatte, Fortsetzung des Expressionismus-(Realismus-)Disputs der dreißiger Jahre, wird eine Phase der staatlich initiierten Kulturdiskussion Anfang der 1950er Jahre in der DDR bezeichnet. Ausgehend von dem 1948 in der Sowjetunion geführten kulturpolitischen Streit um einen in der Gegenwartsmusik konstatierten Formalismus westlicher Prägung, nahm das 5. Plenum des ZK der SED im März 1951 unter anderem zu den Kunstdebatten über Formalismus Stellung und suchte eine klare Abgrenzung der DDR-Kunst vom »westlich-dekadenten« Kunstbetrieb. Auch Brechts Aufführung der *Mutter* wurde kritisiert: Das Didaktische sei zum Selbstzweck geworden, was als Formalismus gewertet wurde.

227 Andrej Shdanow (1896–1948), sowjetischer Parteifunktionär und Kulturpolitiker. Im Januar 1948 legte Shdanow die Strategie gegen den *Formalismus* fest, der demnach die Abkehr vom klassischen Erbe, von der Volkstümlichkeit der Musik und vom Dienst am Volke bedeute.

228 Vgl. Anmerkung 147.

229 Wilhelm Girnus (1906–1985), Literaturwissenschaftler und Politiker; als Kommunist im nationalsozialistischen Deutschland mehrfach in Konzentrationslagern inhaftiert. Von 1949 bis 1953 stellvertretender Chefredakteur der Tageszeitung *Neues Deutschland*, von 1964 bis 1981 Chefredakteur der Zeitschrift *Sinn und Form*.

oder umgekehrt. Es wurde dogmatisiert. Dennoch war diese Zeit, die fünfziger Jahre, nicht geprägt von Demut oder von Betroffenheit, sondern es wurde in den Zeitungen ungeheuer gekämpft. Harich schrieb gegen Abusch[230] und Girnus; Brecht oder wir bekämpften die Stanislawski-Leute. Insofern war das eine Zeit echter Herausforderungen. Eine homogene DDR hat es ohnehin nie gegeben. Es gab immer nur einzelne Lager mit unterschiedlichen Meinungen.

In der Sowjetunion entstand eine Debatte über die Oper des georgischen Komponisten Vano Muradeli *Die große Freundschaft*[231]. Ihr wurde nachgesagt, dass sie volksfeindlich, weil unverständlich sei, was gar nicht stimmte. Jedenfalls hieß es, die Intellektuellen hätten volkstümliche Positionen verlassen. Und einige Leute hier, darunter die Ulbricht-Gruppe, meinten, wenn dort Auseinandersetzungen abliefen, müssten sie auch hier ablaufen. Man suchte krampfhaft nach einem Gegenstand, den man des Formalismus bezichtigen konnte. Und genau in diese Zeit fiel der *Lukullus*. Ich war wenige Tage in Berlin und habe die Versuchsaufführung gesehen. Die Oper wurde später zur Nationaloper der DDR und zählt zu den ganz großen Opern überhaupt. Der berühmte Hermann Scherchen[232], der sie dirigierte, erklärte sie zur erfolgreichsten Zeitoper. Sie wurde auch angegriffen, weil Paul Dessau ein neues Orchester ohne Geigen

230 Alexander Abusch (1902–1982), Publizist, Schriftsteller und Politiker; wurde 1954 zum stellvertretenden Minister für Kultur ernannt und war zwischen 1956 und 1961 Leiter des Ministeriums für Kultur der DDR.

231 Vano Muradeli (1908–1970), sowjetischer Komponist. Seine Oper *Die große Freundschaft* wurde im Februar 1948 durch einen Beschluss des ZK der KPdSU als inhaltlich wie musikalisch verfehltes Werk abgeurteilt. Nach dem Tode Stalins wurde Muradeli rehabilitiert; 1968 verlieh man ihm den Titel Künstler des Volkes der Sowjetunion.

232 Hermann Scherchen (1891–1966), deutscher Dirigent, setzte sich in seiner Karriere nachhaltig für die Neue Musik ein und dirigierte viele Uraufführungen, darunter Werke von Arnold Schönberg, Alban Berg, Anton Webern, Paul Hindemith, Ernst Krenek, Paul Dessau. Er arbeitete mehrfach mit Brecht zusammen, unter anderem bei *Lukullus*.

eingeführt hatte. Er lud Oskar Sala[233] ein, den bedeutendsten Interpreten des Trautoniums, also eines Keyboards, das noch Röhren hatte und mit dem man damals ungeheure Musik produzieren konnte.

Durch gezielte Vergabe der Eintrittskarten sollte ein Misserfolg der Oper herbeigeführt werden. Da wurden Leute reingeschickt, die finden sollten, dass die Oper volksfeindlich wäre, unter anderem, weil sie durch die Zwölftonmusik unverständlich wäre, was gar nicht stimmte. Jedenfalls hieß es, die Oper würde die Leute ratlos machen und unfähig zu denken. Und da geschah das Wunder, für mich ein Wunder der Kunst: Die Jugendlichen, die da reingeschickt wurden, die wirklich nicht verstanden, um was es ging – ich gehörte dazu –, erlebten plötzlich, wie eine Oper zum Leben erwachte. Sie erlebten, dass diese Oper nicht über sie hinwegfegte mit Tremolo in den Stimmen, sondern plötzlich zu ihnen sprach über Dinge, die sie erkannten, über Schulkinder, die dressiert wurden auf Helden, über Helden, die sich beleidigt fühlten. Die Musik war durch dieses neuartige Orchester von Dessau erzählend geworden, und die Leute, die dies ausbuhen sollten, standen am Ende – ich hab das vorher nie erlebt – auf den Stühlen.

Das war der größte Erfolg, den ich bis dahin in der Oper erlebt habe. Käthe Rülicke beschreibt das ähnlich. Da die Leute, die die Partei in diese Oper geschickt hatte, genau umgekehrt reagierten, als erwartet, wurde diese Aufführung zur riesigen Blamage. Man erklärte daraufhin, dass die Leute eben noch nicht fähig seien, das zu durchschauen. Und die ganze Wut entlud sich auf Dessau.

An Brecht traute man sich nicht heran; er war sakrosankt. Es erschienen Artikel über Formalismus, im Grunde wiederholte sich diese ganze sowjetische Angelegenheit. Das heißt, man suchte nicht eine Kritik für ein Stück, sondern für eine Kritik, die feststand, ein Stück, und das war *Lukullus*. Es sollte

233 Oskar Sala (1910–2002), deutscher Komponist. Gemeinsam mit dem Ingenieur Friedrich Trautwein entwickelte er Anfang der dreißiger Jahre den Vorläufer des modernen Synthesizers, das Trautonium. Nach dem Krieg arbeitete er hauptsächlich als Komponist von Filmmusiken. Bekannt sind die von ihm elektronisch kreierten Vogelschreie aus Alfred Hitchcocks *Die Vögel*.

abgesetzt werden, obwohl der Intendant Legal[234] sich öffentlich und vor der Filmkamera zu diesem Stück bekannte. Das war sehr mutig. *Lukullus* spaltete die Leute aber auch innerhalb der Kulturszene. Viele Intellektuelle, darunter auch manche, von denen man das gar nicht erwartet hätte, folgten der Kritik. Sie fanden die Musik zu atonal, zu volksfremd und all diesen Unsinn. Das hatte zur Folge, dass man dann Brecht gegen Dessau ausspielen wollte. Wir waren damals etwas enttäuscht von Brecht. Er ließ sich auf Diskussionen ein, was wahrscheinlich vernünftig war. Es wurde eingewandt, dass man den Krieg keineswegs grundsätzlich verdammen könne. Die Russen hätten sich schließlich gegen Hitler verteidigt, und wer sich verteidige, sei schließlich kein Mörder. Es sei das gute Recht eines jeden, sich und die Seinen zu verteidigen.

Brecht ließ sich umstimmen, nahm vernünftige Standpunkte ein und baute nachträglich bestimmte Sachen in die Oper ein, zum Beispiel um deutlich zu machen, dass solche Verteidigungskriege nicht verdammungswürdig seien. Er duckte sich, um die Ruhe zu wahren, weil er große Differenzen und Auseinandersetzungen mit der Regierung, auch angesichts der Attacken vonseiten der Bundesrepublik, nicht wollte. Er wollte mit seinen Änderungen eine öffentliche Auseinandersetzung vermeiden, die er sonst zum Beispiel mit Ulbricht hätte anfangen müssen.

Was wir Brecht verübelten, war die Änderung des Titels. Ich war dabei, als er Pieck anrief und ihm anbot, den Titel zu ändern. Ursprünglich hieß das Stück *Das Verhör des Lukullus*, und das *Verhör* setzt voraus, dass der Zuschauer dann am Ende entscheiden soll, ob dieser Lukullus in das Pantheon oder in den Orkus gehört. Das ist doch der Punkt. In das Reich der Seligen oder ins Nichts mit ihm? Und das war das Großartige, dass der Zuschauer diese Frage aufgrund dieser wunderbaren, ausgezeichneten Inszenierung richtig entschieden hätte. Aber Brecht ging auf die Kritik ein und nannte das Stück *Die Verurteilung des Lukullus*. Das ist genauso, als würde man einen Krimi schreiben und vorher

234 Ernst Legal (1881–1955), deutscher Schauspieler, Autor und Intendant; von 1945 bis 1952 war er als Intendant der Deutschen Staatsoper, von 1947 bis 1951 als Regisseur am Deutschen Theater in Ostberlin tätig. Durch seine Arbeit hatte er insgesamt großen Einfluss auf die Kultur in der noch jungen DDR. 1952 trat er wegen der Querelen um Brechts *Lukullus* von seinen Ämtern zurück.

den Mörder verraten. Es widersprach auch grundsätzlich Brechts Theater und seinen Theorien. Aber er wollte keinen Krach, obwohl er meiner Meinung nach durchaus die Macht gehabt hätte, zu sagen: »Es bleibt, wie es ist.« Vielleicht hätte die Berliner Staatsoper es nicht gleich wieder aufgeführt, aber letztlich wäre es gar nicht zu unterdrücken gewesen. Überhaupt aber hätte Brecht hier mehr Profil zeigen sollen.

Noch einmal zu dem Telefongespräch Brechts mit Pieck. Das haben Sie direkt miterlebt. Haben Sie denn danach mit Brecht darüber gesprochen?

Ich sagte ihm, dass ich es nicht richtig fand, den Titel zu verändern. Brecht erwiderte, dass das aber nötig sei. Er erklärte seinen Entschluss damit, dass die Leute noch nicht so weit seien, ein Urteil fällen zu können über den Lukullus als Kriegsverbrecher. Das müsse man ihnen sagen. Immerhin: Die Musik verteidigte er – da wurde nichts verändert.

Brecht war nicht in der folgenden Aufführung. Ich habe von dieser Aufführung einen Mitschnitt. Nun behauptet eine Dame vom Institut für politische Bildung, das die Versuchsaufführung des *Lukullus* als CD herausgebracht hat, unser Tonmeister habe damals unter Lebensgefahr diese Versuchsaufführung aufgenommen. Nur dieser Heldentat würden wir die Existenz dieses Tonbandes verdanken. Das ist Schwindel. Brecht schickte unseren BE-Tonmeister zur Staatsoper, um die Aufführung aufzunehmen, weil er die Aufnahme Pieck, der nicht kommen konnte, schenken wollte, damit der sie sich wenigstens anhörte.

Es gab eine ähnliche Situation bei der Verfilmung von Arnold Zweigs *Das Beil von Wandsbek*, ein wirklich großartiger Film unter der Regie von Falk Harnack.[235] Hier sollen vier Kommunisten hingerichtet werden. Es ist jedoch kein

235 *Das Beil von Wandsbek* (1951), nach einem Roman von Arnold Zweig aus dem Jahr 1943, war der erste DEFA-Film, der von den DDR-Behörden verboten wurde. – Falk Harnack (1913–1991), deutscher Regisseur und Drehbuchautor. Nach den Auseinandersetzungen um *Das Beil von Wandsbek* ging er 1952 nach Westberlin.

Henker zur Stelle, und die Leute weigern sich, die Kommunisten hinzurichten, bis zuletzt ein Fleischer bereit ist, mit seinem Beil die Rolle zu übernehmen, aber nur, wenn seine Tat geheim bleibt. Er waltet seines Amtes, doch die Tat spricht sich herum. Die Leute aus seinem Bezirk reagieren angewidert, sie bleiben zunehmend seinem Geschäft fern. Nachdem seine Frau sich erhängt hat, erschießt sich der Fleischer. Das ist eine wahre Geschichte. Und die hat Arnold Zweig dann beschrieben, und Erwin Geschonneck spielte den Fleischer grandios.

Diskutiert wurde der Film dann, weil man am Ende Mitleid mit dem Falschen bekommt. Das ist schwer zu vermeiden. Der Film sollte dann aus dem Programm genommen werden. Brecht bot sich an, das Drehbuch zu ändern, um den Streit zu schlichten, was aber dann nicht gemacht wurde.

Auch hier war Brechts Meinung, gewisse Änderungen seien richtig, da die Leute noch nicht so weit seien. Ich weiß nicht, ob er das mit schlechtem oder gutem Gewissen behauptete; jedenfalls blieb er konsequent inkonsequent, und da sagte ich dann auch nichts mehr.

Die nächste große Zerreißprobe mit der Partei- und Staatsführung war der 17. Juni. Über Brechts Haltung wurde immer wieder intensiv diskutiert. Sie waren an den entscheidenden Tagen, am 16. und 17. Juni, mit Brecht zusammen.

(In den Tagen um den 17. Juni 1953 kam es in der DDR zu einer Protestwelle Hunderttausender Menschen. Hintergrund waren die Beschlüsse der DDR-Führung, die Arbeitsnormen um zehn Prozent zu erhöhen, und der »beschleunigte Kurs« beim Aufbau des Sozialismus, der die Schwerindustrie einseitig förderte. Andere Bereiche wurden vernachlässigt, was zu Versorgungsengpässen führte. Am 13. und 14. Mai beschloss das Zentralkomitee der SED die Erhöhung der Arbeitsnormen um zehn Prozent bis zum 30. Juni, dem sechzigsten Geburtstag Walter Ulbrichts. Der Beschluss wurde am 28. Mai offiziell verlautbart.

Am 11. Juni wurde im Politbüro und im Neuen Deutschland *der »Neue Kurs« verkündet. Darin war Selbstkritik enthalten, und einige Maßnahmen zum »Aufbau des Sozialismus« wurden wieder zurückgenommen. So sollten Steuer- und Preiserhöhungen aufgehoben werden, die umstrittene Arbeitsnormenerhöhung blieb aber bestehen.*

Am 16. Juni kam es zu Arbeitsniederlegungen in der Stalinallee. Es formierte sich ein zunächst kleiner Protestzug. Am Nachmittag beschloss das Politbüro die Rücknahme der Normerhöhung. Trotzdem nahm der Protestzug zu, und Sprechchöre riefen zum Generalstreik auf. Der Rundfunk im amerikanischen Sektor, RIAS, berichtete detailliert über die Streiks.

Am Morgen des 17. Juni traten die Belegschaften vor allem großer Betriebe in den Streik und formierten sich zu Demonstrationszügen, die in die Zentren der größeren Städte führten. Um vierzehn Uhr wurde eine Erklärung des Ministerpräsidenten Otto Grotewohl im DDR-Rundfunk ausgestrahlt. Noch einmal wurde die Rücknahme der Normenerhöhungen erklärt. Der Aufstand sei aber »das Werk von Provokateuren und faschistischen Agenten ausländischer Mächte«. Er forderte alle »Arbeiter und ehrlichen Bürger« auf, mitzuhelfen, »die Provokateure zu ergreifen und dem Staatsorgan zu übergeben«.

Die sowjetischen Behörden reagierten mit der Verhängung des Ausnahmezustands für hundertsiebenundsechzig der zweihundertsiebzehn Landkreise der DDR. Am Nachmittag rückten sowjetische Panzer ein. Es gab Tote und Verletzte. Die Angaben über die Zahl der Opfer schwanken. Die einen sprachen von dreihundert, die anderen von dreiundzwanzig Toten.

Brecht verfolgte die Ereignisse des 17. Juni aus der Nähe. Manfred Wekwerth war als einer der wenigen Mitarbeiter in diesen Tagen ständig in Brechts Umgebung.) Können Sie uns detailliert über die Ereignisse berichten?

Über den 17. Juni kann ich Fakten nennen, aber über das Zustandekommen dieses Tages kann ich wenig berichten. Der Verlauf zeigt, dass die Fronten ideologisch verhärtet waren.

In der DDR wurde der etwas halsbrecherische Beschluss gefasst, den Sozialismus unter ökonomisch völlig unzulänglichen Bedingungen zu schaffen. Das heißt, eine Großindustrie sollte aufgebaut werden, die es im Osten nicht gab. Sie lag bekanntermaßen im Ruhrgebiet, was bei uns natürlich zu Verlusten in der Versorgung führte. Das wiederum erzeugte eine Stimmung der Unzufriedenheit. Das hätte nicht sein müssen, denn dieser Beschluss, aus der Angst vor einem bevorstehenden Krieg heraus ausschließlich die Schwerindustrie zu stützen, war damals falsch. Aber man muss berücksichtigen, dass alle Politiker und übrigens auch Brecht der Meinung waren, dass ein Krieg unmittelbar vor der Tür stünde. Er schien zwar vermeidbar, aber möglich.

Mit geht es gar nicht so um die Bewertung des 17. Juni, vielmehr um die Ereignisse im Zusammenhang mit Brecht.

Aber die Unzufriedenheit hatte ja Gründe. In diese Zeit fiel die Maßnahme, dass ein Minister oder irgendjemand in der Stalinallee, die von Hand gemauert wurde, die Normen erhöhte. Das sahen die Leute aber nicht ein. Hier klaffte ein Widerspruch. Sie waren beackert worden: Ihr seid die Macht, die Arbeiterklasse ist die führende Kraft. Die Leute akzeptierten das, und sie drehten das dann um und weigerten sich, diese Erhöhung von zehn Prozent ohne Diskussion, als administrative Maßnahme, zu akzeptieren. Die Interessen mochten im Großen übereinstimmen, im Kleinen stimmten sie natürlich nicht überein. Die Arbeiter traten am 16. Juni in den Streik, was sich wie ein Lauffeuer verbreitete. Die Partei reagierte. Ulbricht und Grotewohl stellten sich zum ersten Mal hin und erklärten, sie hätten Fehler begangen, dieser intensive Aufbau der Schwerindustrie sei zu sehr erzwungen und Ähnliches mehr. Dann sang man die Internationale, ging ins Bett und dachte, damit sei alles erledigt. Am 16. Juni war man allgemein der Meinung, alles sei nun ausgestanden.

Brecht jedoch teilte diese Meinung nicht. Er rief Palitzsch, Rülicke und mich nach Weißensee und bat uns, die Nacht zusammenzubleiben, es käme bestimmt etwas auf uns zu, womit die Regierung hier nicht rechnete. Er aber vermutete eine Ausdehnung der Angelegenheit, zumal der RIAS, bzw. dessen Sendeleiter Egon Bahr[236], der sich noch heute dessen rühmt, dieses Thema sofort aufnahm und verkündete, wo man sich am nächsten Tag versammeln sollte: Er rief zum Generalstreik auf. Brecht war für Streik. Er sagte, die Arbeiter hätten völlig recht, und sprach einen schönen Satz aus: »Die Regierung hat von den Arbeitern einen Faustschlag ins Gesicht bekommen.« Und dann kam

236 Egon Bahr (geb. 1922), deutscher SPD-Politiker, von 1972 bis 1974 Bundesminister für besondere Aufgaben und von 1974 bis 1976 Bundesminister für wirtschaftliche Zusammenarbeit der Bundesrepublik Deutschland. Als ehemaliger Chefredakteur des RIAS resümiert er zum Aufstand des 17. Juni: »Gerade weil es keine Organisation gegeben hatte, war unbestreitbar: Der RIAS war, ohne es zu wollen, zum Katalysator des Aufstandes geworden. Ohne den RIAS hätte es den Aufstand so nicht gegeben.«

der Nachsatz: »Aber auch ein Faustschlag ist endlich eine Berührung.« Das war eine gängige Metapher damals.

Sie waren dann in Brechts Haus in Weißensee?

Wir fuhren nach Weißensee, Brecht, Rülicke, Palitzsch und ich.

Was haben Sie dort besprochen?

Brecht sagte, dass er für den nächsten Tag keine Unruhen erwarte, aber eine Ausdehnung der Streikbewegungen. Und dass das Berliner Ensemble bereit sei, mit den Arbeitern zu sprechen und zu erklären, dass wir die Streiks richtig fänden. Dass wir aber jede weitere Ausdehnung, jedes Benützen des Streiks, um politische Entscheidungen zu erzwingen, also zum Beispiel die Absetzung der Regierung bis hin zur Aufforderung zu Gewalttaten, wie Brandstiftung oder Ähnliches, strikt ablehnten.

Wir beschlossen, am nächsten Tag ins Theater zu fahren, und Brecht war bereit, im Rundfunk zu sprechen. Das Berliner Ensemble sollte mit Busch zusammen Sendungen übernehmen. Als wir dann in der Früh in seinem Zweisitzer – er hat uns alle in seinem Auto mitgenommen – ins Theater kamen, marschierten schon Belegschaften von Betrieben. Die waren aber immer noch der Meinung, es sei ein Streik, um diese zehn Prozent wieder rückgängig zu machen und einige andere Forderungen durchzusetzen, darunter auch Wahlen. Aber diese Forderungen kamen erst später. Es trafen sehr viele Leute ein, die Grenzen waren ja offen. Und man merkte, dass etliche von Westberlin kamen, die die Losung »Generalstreik« und »Sturz der Regierung« ausgaben. Anfangs ging die Kundgebung noch nicht in Gewalttaten über.

Noch am 17. Juni morgens schrieb Brecht seine drei berühmten Briefe[237], in

237 Brecht schrieb an Walter Ulbricht, an den sowjetischen Hochkommissar der UdSSR, Wladimir Semjonow, und an den Ministerpräsidenten Otto Grotewohl. Vgl. Werner Hecht: Brecht Chronik 1898–1956. Frankfurt a. M. 1997, S. 1064.

denen er nach wie vor Solidarität mit der Partei, mit der SED, mit der sowjetischen Besatzung, also mit Semjonow[238] und mit der Regierung, bekundete. Die Briefe endeten: »Und ich fordere sofort die große Volksaussprache, die große Diskussion.« Diese Briefe gab er mir, und ich nahm sein Auto mit einem Fahrer und fuhr sie aus. In die sowjetische Botschaft kamen wir noch. Die war noch frei. Doch als wir zum ZK kamen, war es schon von Bauarbeitern belagert. Sie trugen ihre weißen Anzüge, Maureranzüge. Und sie schwangen rote Fahnen und sangen die *Internationale* vor dem Büro der SED, weil sie meinten, dort werde kein Kommunismus mehr gemacht. Und damit hatten sie im Wesentlichen recht.

Als ich mit dem Auto kam und sie sahen, dass ich hineinwollte, versuchten sie, den Wagen umzuwerfen. Da schrie ich in meiner Not – was sagt man deutschen Arbeitern? – »Wir sind Händler aus Weißensee und verkaufen auch nur unsere Ware, und wir wollen hier durch, wir müssen in unseren Laden.« Da gaben die deutschen Arbeiter nach und ließen uns fahren. So rettete ich Brechts Auto. Aber wir sind dann doch nicht hineingekommen.

Als Brecht später hörte, dass er nicht sprechen konnte, der Rundfunk stattdessen Lieder wie *Puppchen, du bist mein Augenstern*[239] spielte, rief er: »Jetzt reicht's!«, und schickte Elisabeth Hauptmann und mich zum Rundfunk. Wir fuhren hin, um anzubieten, dass Brecht, Weigel und weitere Vertreter des Berliner Ensembles in der Sendung deutlich machen wollten, dass wir den Streik begrüßen und fördern, dass es aber keinesfalls zu Terror und Gewalt kommen dürfe. Der Leiter vom Dienst sagte: »Es gibt überhaupt keinen Grund zur Erregung. Das sind diese typischen intellektuellen Bauchschmerzen von

238 Wladimir Semjonow (1911–1992), sowjetischer Politiker und Diplomat. Von 1939 an war Semjonow als Diplomat in verschiedenen europäischen Botschaften der UdSSR tätig und insbesondere mit der Beobachtung der Entwicklungen in Deutschland befasst. Nach dem Ende des Zweiten Weltkriegs wurde er als politischer Berater der Sowjetischen Militäradministration in Berlin eingesetzt und im September 1953 zum sowjetischen Botschafter in der DDR ernannt.

239 *Puppchen, du bist mein Augenstern*, Lied des deutschen Komponisten Jean Gilbert (1879–1942) von 1912, als Schlager interpretiert von dem Schauspieler Willi Rose (1902–1978).

einem Brecht, der eben die Wirklichkeit nicht kennt.« Da zogen wir zornig ab. Elisabeth brüllte wie die Heilige Johanna der Schlachthöfe. So wütend habe ich sie selten erlebt. Doch dann freuten wir uns, denn als wir hinausfuhren, kam ein Zug von Arbeitern und besetzte den Rundfunk. Die Arbeiter marschierten ein, und der Chef vom Dienst versteckte sich im Heizungskeller. Als die Kundgebung dann in Chaos umschlug, wurde auch das Columbus-Haus angezündet, und es kam, zunächst am Potsdamer Platz, zu Gewaltaufrufen und Ausschreitungen.

Brecht ging dann, was selten bei ihm war, mit mir, Käthe Rülicke und Erwin Strittmatter auf die Straße Unter den Linden und diskutierte mit den Leuten, um zu differenzieren. Er sagte: »Ihr müsst darauf achten, dass eure Kritik sich gegen die Fehler dieses Staates und nicht gegen seine Errungenschaften richtet.« Denn er hielt die Bodenreform, die Enteignung der großen ehemaligen Kriegsverbrecherbetriebe und die Brechung des Bildungsmonopols für große Leistungen.

Brecht diskutierte mit den Leuten?

Ja, er sagte immer wieder: »Ich kritisiere die Fehler dieses Staates, das ist die mangelnde Demokratie, dass ihr gezwungen worden seid, mehr zu arbeiten, ohne mit euch zu diskutieren!«

Wie reagierten die Leute?

Zum Teil hörten sie ihm zu, aber eben nur zum Teil. Es waren auch viele aus dem Westen gekommen, die forderten: »Nein, man muss den Streik weiterführen, Sturz des Staates, Sturz der Regierung! Der Spitzbart[240] muss weg!« Es war auch eine Delegation zum RIAS gegangen. Sie wollte die Diskussion so weit treiben, dass die Amerikaner eingriffen. Ihr Eingriff sollte die Verhältnisse umstürzen. Die Amerikaner waren, wie gesagt, die Besonnensten in dieser

240 Spitzname von Walter Ulbricht.

Situation. Sie weigerten sich strikt und pfiffen Bahr zurück: Der RIAS durfte diese Resolution, die verfasst worden war, nicht öffentlich machen.

War die Reaktion der Leute auf der Straße für Brecht eine Enttäuschung?

Eine wahnsinnige Enttäuschung! Sie vertraten ja wieder einmal nicht ihre wirklichen Interessen. Statt für ihre eigenen Interessen einzustehen, sah er sie die Interessen derjenigen Leute vertreten, die ihren ehemaligen Besitz wiederhaben wollten. Er sah die Arbeiterklasse, aber depraviert, wie er es ausdrückte.

Dass es zum Streik kommen musste, war für ihn entsetzlich, auch wenn er ihn befürwortete. In seiner Aktivität lag auch eine gewisse Verzweiflung. Aber seine Aussage, der 17. Juni habe die ganze Existenz verfremdet, ist missverstanden worden. *Verfremdet* ist bei Brecht kein negativ besetzter Begriff. Verfremden heißt, zu einer neuen Sicht gelangen, und er hoffte ja auf Erneuerung. Strittmatter behauptete dann, Brecht habe die sowjetischen Panzer mit »Hurra!« begrüßt. Das lesen Sie in Biografien. Das Wort Hurra gehörte gar nicht zu Brechts Sprachschatz. Ihm imponierte, dass die sowjetischen Panzer nicht in Kampfformation einrollten, sondern dass ein Jeep vorwegfuhr, in dem der Stadtkommandant saß und die Leute freundlich grüßte. Die Panzer fuhren mit offenen Luken ein, doch dann fing ein wahnsinniger Steinhagel an. Die Russen schlossen die Luken und schossen in die Luft. Ein paar Leute schmissen sich vor die Panzer und wurden überfahren. Es wurde tragisch. Aber für Brecht war klar, dass wir hier an der Schwelle zum Dritten Weltkrieg waren. Hätten die Amerikaner nicht diese Besonnenheit gezeigt und die Wünsche der Westberliner Regierung befolgt, wäre das durchaus möglich gewesen. Dies war Brechts größte Sorge.

Dazu gibt es auch eine lustige und spannende Geschichte. Wir waren auf dem Marx-Engels-Platz, dem heutigen Schlossplatz. Dort war eine Tribüne mit vielen Leuten. Die einen sangen das *Deutschlandlied*, die anderen, mit roten Fahnen, dagegen die *Internationale*. In diesen kochenden Kessel hinein ging ein Volkspolizist zum Rednerpult, und man erwartete jetzt, dass der irgendwas Positives anstellt, die Leute aufruft, etwas Politisches sagt, irgendeine Losung ruft: »Es lebe Ulbricht!«, oder so etwas. Man wollte ihn dann niederschreien.

Doch der Polizist hatte einen Schuh in der Hand und sagte im reinsten Sächsisch: »Es ist ein einzelner Schuh gefunden worden. Der Besitzer möge sich bei mir melden.« Da entstand plötzlich Ruhe, und es folgte ein Riesengelächter. Dieser Mensch rettete mit seinen zwei Sätzen die Situation wahrscheinlich leichter als jede politische Rede.

War Brecht dabei? Wie hat er reagiert?

Brecht lachte auch sehr. Es gab ja sonst nicht viel zu lachen, aber hier spielte auch die Erleichterung eine große Rolle. Die Demonstrationen wurden dann aufgelöst; es gab auch Tote; die genauen Angaben über die Zahl der Toten schwanken allerdings. Die Amerikaner nannten immer weniger, weil sie nicht interessiert waren an unseren Auseinandersetzungen. Sie sprachen immer von achtzehn Toten, die anderen von fünfzig. Jetzt habe ich auch schon von dreihundert gelesen. Dieser Tag ist so ideologiebesetzt!

Wir hatten im Berliner Ensemble am 24. Juni eine Betriebsversammlung. Darüber gibt es ein ziemlich genaues Protokoll. Brecht hielt hier seine erste direkt politische Rede[241] und gab den Arbeitern, die gestreikt hatten, uneingeschränkt recht. Doch er sagte auch, er habe mit eigenen Augen gesehen, wie der Streik allmählich in ein Chaos übergangen sei, das dazu angetan war, den Staat zu liquidieren. Sein Hauptgedanke war wieder die Kritik, die sich gegen die Fehler dieses Staates wandte, gegen die mangelnde Demokratisierung. Er kritisierte die zu geringe Beteiligung der Leute an den Entscheidungen und eben die zehn Prozent Erhöhung. Aber die Kritik des Westens richtete sich nicht gegen diese wirklichen Fehler, sondern gegen die Vorzüge des Staates, ich habe sie schon genannt, gegen die Bodenreform, gegen die Enteignung der Junker, gegen die Übernahme der Betriebe durch Produzenten. Für diese Dinge trat Brecht bis zu seinem Tode vehement ein. Das war auch der Grund, warum er in diesem Staat lebte.

Er sagte, dass ihn das Verhalten der Leute, die Massenreaktionen, gesteuert

241 GBA, Bd. 23, S. 46 f. Das Protokoll der Gewerkschaftsversammlung zeichnete Erwin Geschonneck gegen.

unter anderem auch durch den RIAS, an faschistisches Verhalten erinnere. Er unterstellte nicht, dass das Faschisten seien, sondern verurteilte das unbesonnene Verhalten der Leute, die nicht mehr ihre eigene Lage verteidigten, sondern sich für fremde Interessen missbrauchen ließen. Brecht verlangte eine schonungslose Aufklärung. Denn in der DDR hatte man bis dahin den Standpunkt vertreten, dass die kleinen Leute, um sie für sich zu gewinnen, im Krieg keine Verbrechen begangen hätten. Brecht war der Ansicht, man müsse die Leute konfrontieren mit der Kritik ihres Verhaltens während der Zeiten des Faschismus, weil ihn eine bestimmte Unbesonnenheit, Kurzschlüssigkeit und Brutalität wieder an das Verhalten in der Nazizeit erinnert hatte. Daher verlangte er von der Regierung die Aufklärung und Richtigstellung auch der Schuldfrage der Menschen, die in der DDR lebten. Denn die würde immer ausgeklammert. Die Schuld würde den Westdeutschen zugeschoben, während hier schon immer nur edle Menschen gewesen seien, und später eben gute DDR-Bürger. Damit müsse aufgehört werden. Es war eine ungeheuer programmatische Rede.

Wie war die Stimmung bei der Versammlung im Berliner Ensemble?

Bei einigen sehr gereizt. Einige Techniker forderten sofortige freie Wahlen und eine Abwahl der Regierung. Da antwortete Brecht sehr aggressiv, jetzt eine Wahl auszuschreiben, hieße inmitten eines Chaos die Wahrheit zu erhoffen. Er war strikt dagegen.

Wie war die Stimmung bei Brechts Rede?

Ruhig. Aber einige Schauspieler widersprachen Brecht, und er antwortete, was selten war, sehr scharf. Man darf nicht vergessen, dass er ein sehr radikaler Kommunist war, und die »Diktatur des Proletariats« war ein Begriff, dem er anhing. Er verbot dem Sprecher, einem Requisiteur namens Neumann, der die Ausschreibung gemeinsamer Wahlen mit Westberlin verlangt hatte, das Wort. Brecht sagte: »Ich entziehe Ihnen das Wort, das ist destruktiv, Sie wollen die Auflösung dieses Staates und dieses Theaters.« Er war ziemlich aufgebracht, wie ich ihn zuvor nie erlebt hatte. Nach dem 17. Juni setzte Brecht dann mit der Akademie einige Änderungen durch. Bis in die Armee hinein wurden ja Demokratisierungen angestrebt, die bis dahin gingen, dass jeder General im Jahr einmal als einfacher Soldat zu dienen habe.

Brecht wünschte völlige Freiheit des Wortes bis auf eine Einschränkung: keine Propaganda für Krieg, für Faschismus und Ähnliches. Er war nach dem 17. Juni sehr aktiv und hoffte auf eine Veränderung des Staates. Die Regierung war so verschreckt, dass sie zu vielen Neuerungen bereit war. Es wurde ja auch vieles verändert, die Kunstkommission, die zum Beispiel den *Lukullus* bekämpft und herabgewürdigt hatte, wurde abgesetzt. Und Becher wurde auf Brechts Vorschlag hin Kulturminister – ich glaube, der erste Dichter in der deutschen Geschichte in einem solchen Amt, denn Goethe war ja nicht Kulturminister, sondern Kriegsminister gewesen.

Aber so richtig einsichtig scheint man nicht gewesen zu sein. Brechts Brief wurde nur gekürzt abgedruckt?

Der Brief wurde veröffentlicht, zunächst allerdings verstümmelt, was Brecht zutiefst empörte. Er benutzte dann das Akademieforum, um Vorschläge zu machen, die zum Teil auch realisiert wurden. Eine der wichtigsten Veränderungen war, wie gesagt, die Absetzung der Kunstkommission. Das hatte Brecht bewirkt. Er übte eine Diktatur der Vernunft aus und war auch eine Zeitlang erfolgreich. Aber als dann wieder Ruhe einkehrte, verfiel die Führung, obwohl Ulbricht heute immer als reformistisches Pendant zu Honecker dargestellt wird, wieder in den Dogmatismus und Deformismus von vorher. Es wurde vieles gebremst und zurückgenommen.

Noch mal zu dem Brief, der nur verkürzt abgedruckt wurde. Haben Sie Brechts Reaktion direkt miterlebt?

Protest. Brechts Reaktion war: Protest. Er wollte seinen Brief zurückziehen, wenn er nicht vollständig veröffentlicht würde. Später wurde er dann komplett abgedruckt.

Als wir am 17. Juni abends noch mal bei ihm in Weißensee waren, hörten wir von der offiziellen Einschätzung der Unruhen als faschistischen Putsch, der von außen hineingetragen wurde. Das löste Empörung bei Brecht aus. Er wies diese Unterstellung dann auch in Analysen zurück, aber er hat sich nicht durchsetzen können. Diejenigen, die den Tag erlebt haben, schätzen ihn real ein. Doch die andere gängige Behauptung, es sei ein reiner Volksaufstand bis zum Schluss gewesen, man habe das Columbus-Haus so wie in der Französischen Revolution die Bastille gestürmt, ist irrwitzig. Das waren nicht die Arbeiter der Stalinallee, die Brand legten, sondern sie waren vom Westen infiltriert. Dies beschrieb Brecht auch in seiner Rede. Das war kein Volksaufstand in eigentlichem Sinne, sondern ein Streik, der sich ausweitete zu einer nicht mehr kontrollierbaren Bewegung, aus der man oft »Deutschland, Deutschland über alles« hören konnte. Genauso falsch war aber demgegenüber diese sinn- und einfallslose wie ahistorische Einschätzung, es habe sich um einen von außen hineingetragenen faschistischen Putsch gehandelt. Dagegen verwahrte sich Brecht sehr. Das Stück *Turandot* ist bei genauem Lesen eine Analyse dieser Situation.

Eine Passage aus dem Vorwort des Turandot *ist besonders bemerkenswert. Hier heißt es: »Unter neuen Befehlshabern setzte sich also der Naziapparat wieder in Bewegung. Ein solcher Apparat kann durch Kontrolle von oben nicht mit neuem Geist erfüllt werden; er benötigte die Kontrolle von unten. Unüberzeugt, aber feige, feindlich, aber sich duckend, begannen verknöcherte Beamte wieder gegen die Bevölkerung zu regieren.«*[242]

Ja, insofern unterstützte Brecht den Streik völlig. Und *Turandot* sollte eben unter anderem auch dazu beitragen. Aber die andere Seite war, dass die Leute sich verführen ließen. Sie putschten dann zum Schluss gegen sich selber. Das Stück *Turandot* mag zwar unvollständig sein; immerhin aber ist es der Versuch einer Analyse.

Kurz vor seinem Tod hielt Brecht die berühmte Rede im Schriftstellerver-

242 GBA, Bd. 24, S. 410.

band.[243] Sie wurde von der Obrigkeit wohlwollend aufgenommen, weil sie sich gelobt fühlte. In Wirklichkeit war es wahrscheinlich die härteste Kritik, die Brecht je an der Regierung übte. Er sagte nämlich: »Bauen wir doch unseren Staat nicht für die Statistik, sondern für die Geschichte, und was sind Staaten ohne die Weisheit des Volkes!«[244] Die oben glaubten, sie seien die Weisheit des Volkes, aber jedermann verstand, dass das eine ganz klare Kritik war, dass die Weisheit des Volkes zu wenig wirksam wurde in der Führung des Staates.

Die künstlerische Auseinandersetzung mit den Ereignissen des 17. Juni in lyrischer Form waren die Buckower Elegien. *Sie behandeln die latente Anwesenheit von Resten faschistischen Bewusstseins auch in der DDR. Haben Sie mit Brecht über die* Buckower Elegien *gesprochen?*

In einer Elegie bin ich sogar selbst dargestellt, dort wo Leute mit einem Ruderboot und einem Stück Stoff segeln wollen.[245] Diese Elegie geht also auf eine reale Begebenheit zurück.

Uns gegenüber war Brecht auch harsch. Er sagte: »Die Leute, die jetzt hier sitzen und mit mir arbeiten, hätten mich noch zur Zeit des Faschismus verraten.« Das war ungerecht, fanden wir.

Fälschlicherweise meint man immer, die Schreiber von Elegien seien traurige

243 Vom 9. bis 14. Januar 1956 fand in Ostberlin der IV. Deutsche Schriftstellerkongreß statt, bei dem es vor allem die Entwicklung eines sozialistischen Realismus in der DDR-Literatur ging. Brecht hielt dort am 14. Januar eine Rede.

244 Vgl. GBA, Bd. 23, S. 382.

245 Gemeint ist das Motto der *Buckower Elegien*:

Ginge da ein Wind
Könnte ich ein Segel stellen.
Wäre da kein Segel
Machte ich eines aus Stecken und Plane.

Vgl. GBA, Bd. 12, S. 310.

Leute. Da müsste Aischylos[246], der nur Tragödien schrieb, einer der traurigsten Menschen der Welt gewesen sein. Tatsächlich war er sehr heiter. Und Brecht schrieb die Elegien in einem Zustand großer Produktivität, also nicht im Sinne des Sichabfindens oder des Erduldens. Sie sind in der Situation eines großen Aufbruchs geschrieben und nicht elegisch in dem Sinne, wie Bierbichler das im Film darstellt, sozusagen ein resignierter Ausklang des Lebens, sondern es war ein Versuch des Aufbruchs. So waren auch die letzten Gespräche mit ihm, die wir in Buckow hatten. Die *Elegien* hat Brecht uns vorgelesen und auch danach gefragt.

Es kamen auch wieder bessere Zeiten. Am 19. März 1954 bekam Brecht das Theater am Schiffbauerdamm. Welche Bedeutung hatte dieses Theater für Brecht?

Er bemühte sich sehr um dieses Theater. Wir waren ja nur zu Gast im Deutschen Theater, und Langhoff mochte Brecht überhaupt nicht. Er war aufseiten dieser unsinnigen Stanislawski-Phalanx, dieser Leute, die Stanislawski überhaupt nicht kannten bzw. nur dessen Frühschriften. Sie sprachen immer von Einfühlung, die bei Stanislawski in diesem Sinne gar nicht existiert. Es gibt Briefe von Brecht, die belegen, wie sehr er sich schon um das Schiffbauerdamm-Theater bemühte, in dem ja 1928 die Uraufführung der *Dreigroschenoper* stattgefunden hatte.

Wir alle liebten dieses Theater.

Als Eröffnungsstück wählte Brecht ein französisches Stück, Don Juan, *also kein eigenes Stück, sondern eine Molière-Bearbeitung. Es gab noch mehr Überraschungen. In den*

246 Aischylos (525–456 v. u. Z.), griechischer Dichter; neben Sophokles und Euripides einer der drei großen Tragödienschreiber der griechischen Antike. Entscheidenden Einfluss auf die Entwicklung des Theaters nahm er vor allem durch die Einführung des zweiten Schauspielers, der auf der Bühne den Dialog ermöglichte. Von den ungefähr neunzig Stücken, die Aischylos verfasst haben soll, sind nur sieben vollständig überliefert.

Kritiken kann man nachlesen, dass man sich darüber wunderte, dass äußerlich das Haus kaum verändert wurde.

Damals hofften viele, Brecht streiche das Theater schwarz. Im Gegenteil, er ließ im Zuschauerraum den Goldstaub erneuern (allerdings vor allem wegen der Akustik) und liebte den Widerspruch, den diese sentimentalen Elemente ausmachen. Er fühlte sich in dem Theater sehr wohl, machte sich lustig über die Putten und freute sich über den Goethe-Spruch, der über der Bühne prangte: »Wer ruft das Einzelne zur allgemeinen Weihe, / Des Menschen Kraft, im Dichter offenbart.«[247] Das Einzige, was er ändern ließ, war der Preußische Adler über der Kaiserloge. Den ließ er mit zwei roten Strichen durchstreichen. Ansonsten wurde das Theater wirklich von ihm erhalten, jede Putte wurde gepflegt, abgestaubt und neu vergoldet. Schon daran sieht man, wie wenig Brecht mit den Vorurteilen zu tun hat, die über ihn in Umlauf waren und sind. Brecht liebte diese Überraschungen, und er fand es auch lustig zu beobachten, wie man reagierte.

Bei meiner letzten Inszenierung zu Brechts Lebzeiten, die ich zusammen mit dem Chefdramaturgen Peter Palitzsch machte, Synges irische Komödie *The Playboy of the Western World*[248], hatten wir große Befürchtungen, dass die *moralinsaure* Kritik an der Geschichte Anstoß nehmen würde, weil ein vermeintlicher Mörder, der seinem Vater den Schädel spaltete und in ein abgelegenes Dorf flüchtet, von diesem Dorf als Held gefeiert wird, weil sonst in diesem hintersten Winkel Irlands nichts los ist. Als der Vater dann mit verbundenem, aber heilem Schädel wieder auftaucht, wird der soeben gefeierte Held ein Betrüger genannt und verstoßen. Wir dachten, es würde erneut in der Presse heißen, das Berliner Ensemble missachtet wieder einmal die Gefühle der ein-

247 Verse aus Goethes *Faust I*, die in der Szene *Vorspiel auf dem Theater* der Theaterdichter spricht. Vgl. Johann Wolfgang von Goethe: Faust. Eine Tragödie. In: Ders.: Werke. Hamburger Ausgabe in 14 Bänden, Bd. 3. München 1996[16], S. 13.

248 *The Playboy of the Western World* des irischen Dramatikers John Millington Synge (1871–1909) wurde am 11. Mai 1956 mit dem Berliner Ensemble aufgeführt. Der Dichter Peter Hacks und seine Frau Anna Elisabeth Wiede hatten für die Inszenierung am Berliner Ensemble eine Neuübersetzung des Stücks verfasst.

fachen Menschen. Brecht dachte kurz nach, dann diktierte er mir für das Programmheft: »Sage mir, wen du als Held verehrst, und ich sage dir, wer du bist. Diderot«[249] Ich muss etwas verblüfft geguckt haben, denn er ergänzte sofort: »Das habe ich natürlich eben erfunden. Aber wer Diderot kennt, weiß, dass der alles Mögliche geschrieben hat, warum nicht auch das. Und wer Diderot nicht kennt, wird sich hüten, das zuzugeben.« Diderot wurde in fast allen Kritiken als kulturpolitischer Bezugspunkt der Aufführung sehr positiv erwähnt.

Eine der wichtigsten Inszenierungen des Berliner Ensembles am Schiffbauerdamm-Theater war Der kaukasische Kreidekreis[250]. *Sie waren Assistenzregisseur. Es gibt von damals Probenmitschnitte.*

Ja, die Probe wurde mitgeschnitten. Wir machten uns darüber lustig, weil dauernd dieses Reportermikrofon auf dem Tisch stand und ein Bandgerät. Dauernd war das Band zu Ende. Außerdem musste man sparen und benutzte ein riesiges Radio als Verstärker. Und man musste bei jeder Bewegung, die Brecht mit dem Mund machte, auf die Taste drücken. Da konnte es passieren, dass nur ein Husten drauf war, aber im Nachhinein erwiesen sich die Mitschnitte als sehr wertvoll.

Brecht entwickelte seine Ästhetik mit jedem Stück neu. Deshalb gibt es keinen typischen Brecht-Stil. Auch wenn die *Courage* dazu ernannt wurde, also das Grau-in-Grau, das nüchterne Spiel, die Ernüchterung des Publikums. Wir

249 Denis Diderot (1713–1784), französischer Schriftsteller; arbeitete zwanzig Jahre lang an seinem Hauptwerk, der *Encyclopédie*. Großen Erfolg bei seinen Zeitgenossen hatte der vielseitige Autor mit seinen Dramen, zum Beispiel *Der natürliche Sohn*. Bedeutender noch sind seine theatertheoretischen Schriften, mit denen er die neue Gattung des bürgerlichen Trauerspiels begründete. Diderots Einfluss auf die Theatertheorie reicht bis hin zu Brecht, der sich besonders während des skandinavischen Exils mit dessen Werk beschäftigte.

250 Die deutsche Erstaufführung des Stücks *Der kaukasische Kreidekreis* fand am 7. Oktober 1954 statt. Es war das einzige seiner Stücke, das Brecht noch selbst am Theater am Schiffbauerdamm inszeniert hat.

blätterten in der niederländischen Malerei, ergingen uns in Bosch[251] und Breughel[252]. Es wurde für den *Kaukasischen Kreidekreis* ein Krippenspiel angestrebt, mit Masken. Eine dem eingeschworenen Brecht-Bild völlig entgegenstehende Ästhetik, nicht nur in der Farbigkeit, sondern auch in der Figurenführung.

Angelika Hurwicz kam nach der Voraufführung des *Kreidekreises* zu Brecht gestürzt und sagte: »Brecht, ich muss Sie um Verzeihung bitten, ich habe versagt, die Leute haben an der Stelle, an der mir das Kind zugesprochen wird, geweint.« Brecht war aber gerade darüber froh: »Es kann uns nichts Besseres passieren, als dass die Leute weinen an dieser Stelle. Die merken gar nicht, dass sie gegen sich weinen. Das Kind wird ja nicht dem Eigentümer zugesprochen, sondern der Mutter, die besser mit ihm umgeht, das heißt, die Produktivität und nicht das Eigentum entscheidet. Würde man diese Entscheidung in ihr Privatleben tragen, was ihr Privateigentum, kleine Betriebe oder die Bäckerei anginge, würden sie aufschreien!«

Er wollte einen neuen Helden schaffen, mit dem Azdak[253] neue Gefühle wecken. Ansonsten wollte er alte Gefühle zerstören, die Gefühle sollten produktiver Art sein. Der Held ist der Mensch, der gute Taten verrichtet. Er muss kein guter Mensch sein. Azdak ist ein Säufer, ein Asozialer, aber dieser Widerspruch, der interessierte ihn. Gerade nach dem 17. Juni wollte er differenzieren und zu erkennen geben, dass das Böse und das Gute nicht gut verpackt nebeneinanderliegen, sondern dass beide einander durchdringen. Es passierte auch mal, dass wir uns über Ulbricht aufregten, über dessen Sprachstil und seine Art zu reden. Wir schimpften sehr. Brecht fuhr uns in die Parade und sagte: »Ich verstehe euch nicht. Dieser Mann ist doch wirklich nur auf den Inhalt angewiesen.«

Gerade dass die Welt so facettenreich ist, interessierte Brecht: Das war die Fülle der Paletten, also diese Differenzierung in der Figurenführung bis hin zur Farbigkeit, zu den Masken. Und das war neu für Brecht. Er ging an das Stück heran mit einer großen Naivität, indem er immer wieder sich selber befragte.

251 Hieronymus Bosch (1450–1516), niederländischer Maler.

252 Pieter Breughel der Ältere (1525–1569), niederländischer Maler.

253 In *Der kaukasische Kreidekreis* die ambivalente Figur des Dorfschreibers und späteren Richters.

Es kam zu vielen Streitereien, zum Beispiel weil Busch als Azdak nicht die Widersprüche spielen wollte, sondern nur den Helden.

In einer Szene erfährt Azdak, dass die Revolte in der Stadt keine Revolution ist, sondern eine Palastrevolte, und im Grunde nur die Herrscher wechseln, während er als Anarchist schon das Ende der Herrschaft überhaupt feierte. Als er erfährt, dass seine Revolutionsträume zerstieben, wollte Brecht, dass er sich hinsetzt und aufgibt, also nichts macht, dann jedoch von den Panzerreitern zum Richter ernannt wird. Busch weigerte sich hartnäckig, sich zu setzen. Brecht sagte: »Busch, setzen Sie sich doch hin!« – »Ich setz mich nicht hin, ich geb mich nicht geschlagen!« Es kam hart auf hart, und die Probe wurde abgebrochen. Am nächsten Vormittag wurde ich vom Regieassistenten zum Co-Regisseur befördert, denn Brecht war zu feige, um sich klar mit Busch auseinanderzusetzen. Ich traf ihn früh in seinem Zimmer, und er tobte: »Dieser Jung-Siegfried, dieser Barrikadentauber, der keine Schwäche der Figur zeigen will, weil er vor dem Publikum als Held erscheinen will, als Held in einer idiotischen Nibelungenvorstellung«, etc. Er gebrauchte furchtbare Worte, raste im Zimmer auf und ab.

Dann begann die Probe. Brecht kam zu mir und sagte: »So, Wekwerth, jetzt gehen Sie bitte zu Busch und sagen ihm das.« Das war typisch für Brecht, und ich war in einer furchtbaren Situation. Ich war befreundet mit Busch, redete auf ihn ein, und irgendwie schaffte ich es. Jedenfalls begann die Probe, und Busch setzte sich. Brecht konnte das gar nicht fassen, für ihn war das wie ein Weltwunder. Ab diesem Zeitpunkt durfte ich mich Assistenzregisseur nennen, und so steht es auch im Programm.

Der kaukasische Kreidekreis *war in der DDR umstritten, auch wegen der Verwendung von Masken. Der Durchbruch kam dann in Paris.*[254]

254 Vom 20. bis 24. Juni 1955 wurde *Der kaukasische Kreidekreis* als Gastspiel des Berliner Ensembles in Paris aufgeführt. Es folgten Einladungen zu Gastspielen in London (1956) und Moskau (1957). Bis Ende 1958 wurde diese Inszenierung hundertfünfundsiebzig Mal gespielt.

Ja, in Paris. Das *Neue Deutschland* hat bis heute keine Kritik über den *Kreidekreis* gebracht. Alfred Kurella[255], Brechts Erzfeind, behauptete, jede Rückblende auf der Bühne sei reaktionär. Dabei hat das Stück überhaupt keine Rückblenden. Und die Figur des Azdak sei eine Beschmutzung des Revolutionärs – der übliche Quark. Doch der *Kreidekreis* setzte sich beim Publikum durch. Und in Paris wurde er als die Erfüllung der großen Träume des Theaters gefeiert. Es ist unbeschreiblich, was da los war.

Paris war für Brecht der internationale Durchbruch.

Ja, aber schon im Jahr zuvor. Der Durchbruch war schon 1954 mit der *Mutter Courage* gelungen.[256]

Aber nun verstanden die Pariser sofort, dass sich Brechts Ästhetik nicht in der *Mutter Courage* erschöpft, im Grau-in-Grau, in der Kälte und der vermeintlichen Abwesenheit des Gefühls. Sie feierten jetzt diese wuchernden Farben, das Überschäumende und das Ausladende, das Emotionale des *Kreidekreises*. Brecht wollte immer falsche Gefühle zerstören und damit echte Gefühle wecken. Auch echte Heldengefühle übrigens. Das wurde in Paris verstanden. Die Kritiken wurden dann in Deutschland bekannt. Daraufhin waren sie ziemlich still, die Kurellas und Abuschs.

Wie reagierte Brecht in Paris auf seinen Erfolg?

255 Alfred Kurella (1895–1975), Schriftsteller und Kulturpolitiker; ging während der Zeit des Nationalsozialismus ins Moskauer Exil und wurde 1937 sowjetischer Staatsbürger. 1954 übersiedelte Kurella in die DDR und übernahm leitende Funktionen in der Akademie der Künste, im Schriftstellerverband und im Kulturbund der DDR; von 1957 bis 1963 leitete er die Kulturkommission des Politbüros des ZK der SED.

256 Am 30. Juni 1954 wurde in Paris *Mutter Courage und ihre Kinder* als Gastspiel des Berliner Ensembles aufgeführt. Das Berliner Ensemble erhielt den Preis für das beste Stück und die beste Inszenierung.

Brechts größte Form der Begeisterung war, dass er sich zurückzog. Er verbeugte sich nicht einmal, sondern blieb in seiner Loge. Dennoch war das für ihn ein ungeheures Erlebnis. Die Leute klatschten, und plötzlich suchte der Scheinwerfer seine Loge. Da stand ein einzelner Mensch, bescheiden, was natürlich gespielt war. Und die Leute applaudierten in seine Richtung. Das war für ihn überwältigend.

Es kam damals zu einem Gespräch mit Ionesco[257]. Er hatte Brecht im Café des Theaters aufgelauert. Er sah im *Kreidekreis* immer noch eine Diktatur der Vernunft. Ionescos Meinung nach müsste die Sinnlosigkeit dieser Welt mit dem Gefühl der Unabänderlichkeit dargestellt werden. Er beschimpfte Brecht und äußerte dann vor versammeltem Publikum in Deutsch den Satz: »Brecht, geben Sie sich keine Mühe, diese Welt ist unerkennbar.« Applaus von seinen Anhängern. Brecht zupfte an seiner Mütze, wartete ab, bis es ganz ruhig war, und sagte dann ganz bescheiden von seinem Tisch aus: »Herr Ionesco, wenn diese Welt unerkennbar ist, woher wissen Sie das dann?«

Wenn Brecht von Vernunft redet, redet er nicht von Wissenschaftsgläubigkeit. Es ging ihm nicht um einen platten Rationalismus, der keine Zufälle mehr kennt, oder gar darum, dass man das menschliche Zusammenleben in mathematische Form bringen könne. Gerade gegen solche Mechanisierung richtet sich Brechts Begriff der Vernunft, wenn er seinen Galilei sagen lässt: »Einige Erlebnisse hätten dich zu einer ganz falschen Ansicht bringen können über das, was wir immer die Zukunft der Vernunft genannt haben. Aber natürlich, ein einzelner Mann kann sie weder zur Geltung noch in Verruf bringen. Sie ist eine zu große Sache. Die Vernunft ist eine Sache, in welche die Menschen sich teilen. Sie ist nämlich die Selbstsucht der gesamten Menschheit.«[258]

Brecht maß den Ahnungen mindestens so viel zu wie den Planungen. Als Galilei zum Beispiel am schiefen Turm in Pisa seine Fallgesetze entwickelte, arbeitete er bereits mit der Schwerkraft, obwohl ihm der Begriff Schwerkraft höchst unvernünftig erscheinen musste. Denn nach dem damaligen Stand der Wissenschaft werden nicht die Körper von der Erde angezogen, vielmehr

257 Eugène Ionesco (1904–1994), rumänisch-französischer Dramatiker, gilt als einer der bedeutendsten Vertreter des absurden Theaters.

258 GBA, Bd. 5, S. 105 f.

streben sie durch eine innere Kraft dem Mittelpunkt der Erde zu. Aber auch in diesem Irrtum Galileis lag Vernunft.

Bei jeder Probe rechnete Brecht bewusst mit Zufällen als Lösungen und forderte die Schauspieler auf, Konzeptionen zu vergessen. Konzeptionen seien immer gut, wenn einem nichts mehr einfiele. Oder: »In der Nähe der Fehler wachsen die Wirkungen.« Das waren seine Lieblingssätze auf Proben.

Das heutige Theater setzt oft das Unterbewusste gegen Vernunft. Man wirft Brecht vor, das Unterbewusste zu ignorieren. Aber das ist ganz falsch. Wie sollte für Brecht das Unterbewusste tabu sein, wo gerade sein Theater auf menschliches Verhalten zielt, in seinen Höhen und seinen Tiefen. Ich notierte mir einmal auf der Probe den Satz: »Dialektik ist für mich eigentlich Gefühlssache.« Auch das ist Brecht.

Nach diesen Ausführungen über Vernunft noch mal zurück zu den erfolgsgekrönten Gastspielen in Paris. Das Ausland musste offenbar den Deutschen sagen, wer einer ihrer wichtigsten Dichter ist. Auf die Ehrung im Westen folgte die Anerkennung im Osten. 1955 erhielt Brecht den Stalinpreis. Wie hat er darauf reagiert?

Das war eine sehr späte Genugtuung. Denn mit der *Courage* bekamen die Schauspieler den Nationalpreis, und Brecht sollte einen solchen zweiter Klasse kriegen. Er lehnte ab. Becher wurde mit dem Preis erster Klasse ausgezeichnet, und wir jungen Parteimitglieder wurden damals belehrt von einem Funktionär des Zentralkomitees: »Becher ist der größte deutsche Dichter, und Brecht der zweitgrößte. Das hat Beschlusscharakter.«

Aber diese Beschlüsse akzeptierten wir nicht. Brecht ließ sich nichts anmerken. Doch es traf ihn sehr. Er brauchte positive Rückmeldungen. Damit konnte man zu jeder Zeit zu ihm gehen. Wenn man ihm sagte, die *Courage*-Aufführung hat mir aus dem und dem Grund gefallen, freute er sich ungeheuer. Er war nicht souverän, schwebte nicht über den Wassern, sondern war sehr auf Reaktionen angewiesen. Jedes positive Telefongespräch machte ihn glücklich. Die Zurücksetzung durch die Funktionäre hatte ihn geschmerzt. Vom Literaturnobelpreis war er als Kommunist ja ausgeschlossen. Den hätte er nun wirklich verdient, auch darunter litt er. So betrachtete er diese Verleihung des Stalinpreises auch ein wenig als Vergeltung. Er nahm mit ihr Revanche für den Boykott des Nobelpreiskomitees und hielt bei der Verleihung eine seiner schönsten Reden[259].

Brechts letzte Inszenierung war Leben des Galilei, *er konnte sie nicht beenden.*[260] *Waren Sie bei den Proben dabei?*

Nein, ich habe zu dieser Zeit *Playboy of the Western World* inszeniert. Doch ich kenne die Probenmitschnitte. Brecht probte nur zwei Stunden täglich. Länger konnte er nicht mehr. Das lag nicht an dem drohenden Herzinfarkt, sondern an dieser Virusinfektion. Brecht hatte sich, glaube ich, für die amerikanische Fassung entschieden, die ich für eine Zurücknahme des Stücks halte, undifferenzierter, weil es hauptsächlich eine Verurteilung der Atombombe ist, was damals zwar sehr wichtig, aber letztlich dann eben auch sehr linear war. Das Stück war ursprünglich zu einem ganz anderen Zweck geschrieben worden, zu einer Zeit, als die Leute es unter der Naziherrschaft aufgegeben hatten, die Wahrheit zu schreiben oder es auch nur zu versuchen. In dieser Zeit kam Brecht der Gedanke, dass Galilei nach der Verurteilung durch die Inquisition noch die *Discorsi* schreibt. Er hält also unter den schwierigsten Umständen am Licht der Vernunft fest. In einem Moment, in welchem andere die Vernunft aufgeben, schöpft er nochmals große Hoffnung. Die Vernunft sei, sagt Brecht, die große Selbstsucht aller Menschen. Das ist eine der schönsten Aussagen über die Vernunft, die es gibt und die weit über Hegel hinausgeht.

Doch Brecht entschied sich für die sogenannte amerikanische Fassung, die mit einer totalen Verurteilung Galileis endet. Allerdings besetzte er die Rolle des Galilei mit Busch. Wie ich vorhin schon in Zusammenhang mit dem *Kreidekreis* sagte, gab Busch Helden niemals auf. So war in Buschs Worten dennoch ein Überleben des Galilei und des Gedankens, den Hegel eine »List

259 GBA, Bd. 23, S. 345 ff.

260 Zu Beginn des Jahres 1956 begann Brecht am Berliner Ensemble die Proben zu *Leben des Galilei*, die er mehrmals wegen Erkrankung unterbrechen musste; die Inszenierung konnte er nicht fertigstellen.

der Vernunft« nennt: dass nämlich die Vernunft sich auch in den dunkelsten Zeiten durchsetzen kann. Der schönste Satz in *Galilei* ist: »Der Sieg der Vernunft kann nur der Sieg der Vernünftigen sein.«[261] Daran lag Brecht sehr, auch im Verhältnis Lehrer–Schüler.

Er besetzte ja dann den jungen Andrea mit Ekkehard Schall. Es sollte verstanden werden, dass es nicht um eine Totalverurteilung Galileis geht, so wie Charles Laughton es spielte, der Begriffe benutzte wie bettnässerisch und am Schluss Gänseleber frisst, dass sich alle ekeln. Eisler brachte das auf den Punkt: Es sei unsinnig, im Theater Leute, die Unrecht tun, damit verurteilen zu wollen, dass sie dann noch ihr Unrecht am Ende erkennen. Eisler sprach von einer Doppelheroisierung. Denn wenn ein Verbrecher von sich sagt, ich bin ein schlimmer Verbrecher, eliminiert er sich als Verbrecher, und die Erkenntnis macht ihn eigentlich zum Helden.

Nach dem Tod Brechts brachte Erich Engel die Inszenierung zu Ende. Es kam zu Diskussionen mit Ernst Busch, der den Helden nicht verdammen, sondern ihn vielmehr mit List loben wollte.

Busch versuchte aufgrund seiner persönlichen Ausstrahlung, die Figur zu retten. Was Laughton genial gespielt hatte, war im Grunde eine Zurücknahme der Figur. Bei uns sollte es ja den Leuten Mut machen, auch in der DDR Wahrheiten zu entdecken, so wie Brecht selbst es praktizierte. Also auch unter schwierigen, neuen gesellschaftlichen Bedingungen, die mit vielen Fehlern behaftet waren. Trotzdem konnten Wahrheiten entdeckt und verbreitet und die Vernunft wach gehalten werden. Dies gab Erich Engel meiner Meinung nach auf. Er inszenierte die Aufführung ziemlich glatt, aber mit großem Erfolg.

Als Brecht das Stück Ende der dreißiger Jahre schrieb, ging es um die Durchsetzung der Wahrheit. Können Sie sich vorstellen, dass er es 1956 inszenierte, weil damals eine ähnliche Situation herrschte?

261 GBA, Bd. 5, S. 67.

Aber er hätte dann zurückgreifen können auf die dänische Fassung, die gerade nicht mit der Verurteilung endet, sondern Galilei unter den Augen der Inquisition weiterarbeiten lässt.

Aber ich glaube, sein Punkt war, dass er – zu jener Zeit durchaus berechtigt – doch die Gefahr eines Atomkriegs witterte. Auch das Verhalten der Wissenschaftler und die Entpolitisierung der bereits damals industriellen Fertigung von Atombomben schürten eine große Furcht vor dem Krieg. In einer unserer späteren Inszenierungen von 1978 gingen wir auf die dänische Fassung zurück.

Sie haben vorher erzählt, dass Brecht nicht mehr lange proben konnte. Es kam die Krankheit, und im Frühjahr 1956 musste Brecht in die Charité. Er schrieb das Gedicht, Als ich in weißem Krankenzimmer der Charité[262]. *Darin heißt es, dass er bzw. das lyrische Ich keine Todesangst mehr habe.*

Aber ganz weg war sie nie. Dazu war Brecht zu vorsichtig. Uns gegenüber zeigte er geradezu eine ärztliche Obhutspflicht. Er rechnete aber nie mit dem konkreten Sterben, dass man tatsächlich aufhört zu leben, dass das Herz nicht mehr schlägt!

Er spielte mit dem Tod, er lebte nach dem Motto: »In der Kunst genießen die Menschen ihr Leben.« Und: »Eines der größten Vermögen der Kunst ist es, den Lebenswillen der Menschen zu stärken.«

Das betraf natürlich auch die politische Situation. Die Vernunft, die Einsicht allein nützt nichts, wenn nicht die Freude und der Genuss vorhanden sind, sie zu verwirklichen.

Und ein anderer schöner Satz von Brecht ist, dass er vom Theater verlangt, dass es nicht nur zeigt, wie man den gefesselten Prometheus befreit, sondern dass es auch in der Lust schult, ihn zu befreien.[263] Schulen ist ein Begriff, den Brecht gern verwendete. Für ihn hatte der Begriff, der durch die Parteischule

262 GBA, Bd. 15, S. 300.

263 Vgl. Bertolt Brecht: Über Politik auf dem Theater. Hrsg. von Werner Hecht. Frankfurt a.M. 1973, S. 5.

in Misskredit geraten war und heute auch noch negativ besetzt ist, einen sehr edlen Klang, nämlich in dem Sinne, dass man sein Leben lang das Lernen lernt. Für ihn war entscheidend, dass es nicht ausreicht, dass man Leute belehrt, man muss ihnen auch durch Genuss Lust machen, diese Lehren zu praktizieren, sie für sich zu verwenden.

Die Brecht-Rezeption, auch in der wissenschaftlichen Beschäftigung mit Brecht, verzichtet viel zu sehr auf diesen Genuss, den Brecht schon immer hatte und in späten Jahren zur philosophischen Kategorie erhob. Noch in seinen letzten Tagen hielt er ihn hoch. Er verwies auch immer wieder auf Marx' *Grundrisse*[264], eines der großen Bücher von Marx, wo der Genuss eine riesige Rolle spielt, als Selbstbestätigung des Menschen in seiner Lebenstätigkeit.

Diese Gedanken tauchen bei Brecht immer wieder auf. Trotzdem finde ich es bemerkenswert, dass er sie am Schluss seines Lebens, also bei Ihren letzten Gesprächen in Buckow besonders betont hat. Er hat offenbar – wie Sie eingangs schon beschrieben haben – befürchtet, dass er missverstanden und sein Werk zu stark von der Theorie her betrachtet werden könnte.

Wenn man Literatur über Brecht liest, stößt man immer wieder auf Begriffe wie den des Rationalisten, des Gefühllosen, des auf die formale Logik reduzierten Mathematikers der Bühne, und Ähnliches. Oder gar den des Pädagogen, der den Künstler verdrängt hat. Das habe ich gerade neulich wieder in der Zeitung gelesen. Wenn Sie wissenschaftliche Begriffe bei Brecht lesen, stehen diese nie alleine. Es heißt immer: der Spaß an der Dialektik, der Genuss des Veränderns, die Lust des Denkens, die Leidenschaft des Produzierens. Stets sind es die emotionalen, naiven Begriffe, die die wissenschaftlichen bestimmen. Das ist der Schlüssel zum Verständnis von Brecht, und wenn man diese Begriffe herauslöst, bleiben nur Ruinen. Das sieht man auch bei den aktuellen Berliner Brecht-Aufführungen. Da postuliert man: »Nicht die Theorie suchen, sondern

264 *Grundrisse der Kritik der politischen Ökonomie*, 1857/58 in London entstandene Schrift von Karl Marx, 1903 erstmals veröffentlicht.

auf die dichterische Kraft setzen!« Nur möchte ich wissen, wo die dichterische Kraft sitzt, außerhalb Brechts großer Gedanken, auch außerhalb desjenigen der intelligenten Naivität.

Allerdings baute Brecht in alle seine Stücke, darin ist er ein großer Meister, ein Sicherheitsventil ein. Spielt man Brecht ohne Brecht: Dann werden seine Stücke viel langweiliger als andere. Denn sie müssen über den Gestus der Leute, über die Poesie des menschlichen Verhaltens betrachtet werden, und wenn das nur *Handlung* wird, langweilen Brecht-Stücke weit mehr als normale Stücke. Würde die *Mutter Courage* nur auf die Handlung reduziert oder auf eine Figur, blieben nur sehr langweilige Ruinen des Stücks übrig. Das finde ich hervorragend.

Man scheitert mit den besten Schauspielern, wenn bei einer Brecht-Inszenierung Brecht fehlt.

Damit ist das Epische gemeint, die Konkretheit, die Vielfalt, das Widersprüchliche, das Leichte, Distanzierte und auch Heitere. So, wie es vielleicht in der Hofmeister-*Inszenierung am ehesten realisiert wurde. Und auch: die Geschichten als Ausgangspunkt zu nehmen, nicht die Theorie.*

Brecht hatte die Sorge, dass man seine Stücke zu theoretisch betrachten, ihn als Thesenverkünder, als Moralisten, als Rationalisten verstehen würde. Er hatte gerade sein episches Theater entworfen, um mit ihm Geschichten mit Schauspielern zu erzählen.

Aus der Erzählung der Geschichte heraus entsteht dann der Gedanke und nicht umgekehrt, wie oft heute im Theater. Wenn ein Stück negativ ausgeht, tragisch endet, wird die Bühne eben schwarz ausgehängt. Brecht wollte das genau umgekehrt. Wenn man eine düstere Zeit beschreiben will, geht das nur, wenn sie sich aus einer hellen entwickelt. Wenn alles nur düster ist, kann sich nichts Helles entwickeln. Wenn sie alles dunkel machen, gibt es sogar nichts Schwarzes mehr.

Deshalb sind Gegensätze zu markieren: Etwa eine tragische Geschichte, wie die in *Die Tage der Commune*, voll großer Heiterkeit. Daraus entsteht dann der Konflikt; das nannte Brecht die Naivität der Sache. Man darf keine Bedeutungen inszenieren, sondern Geschichten, und aus den Geschichten, aus dem Verlauf und dem Verändern der Geschichte heraus ergeben sich die Bedeutungen.

In Buckow hat Brecht Ihnen auch eines seiner letzten Gedichte vorgelesen.

Ein Gedicht, das übrigens auch wieder zeigt, dass Brecht sich in Buckow nicht am Ende glaubte. Er war in Aufbruchstimmung und wollte uns Schülern das Theater überlassen, also Besson, Palitzsch und mir. Er selbst wollte sich zurückziehen und wieder für eine neue *Hauspostille* schreiben. 1956 schrieb er ein wunderschönes kurzes Gedicht. Und das ist, gerade auch was Naivität betrifft, exemplarisch. Er nutzt diesen einfachen naiven Vorgang des Alterns, um eine große Aussage zu machen. Das Gedicht heißt: *War traurig, wann ich jung war*:

War traurig, wann ich jung war
Bin traurig, nun ich alt
So wann kann ich mal lustig sein?
Es wäre besser bald.[265]

Dann kam der Abschied aus Buckow.

Beim Abschied aus Buckow war ich allein mit Brecht. Wir sprachen über den *Kreidekreis*, dass man den nicht fußgängerisch inszenieren sollte.

Weder er noch ich vermuteten, dass dieser Abschied ein besonderer wäre. Das war die Tragik, dass Brecht sich für völlig gesund hielt, obwohl er müde war und sich nicht zu Ärzten begab. Er hätte nicht sterben müssen, obwohl er damals, hätte er den Herzinfarkt überlebt, wahrscheinlich an einen Rollstuhl gefesselt gewesen wäre.

Am Montag Abend gegen zehn Uhr führten wir das letzte Telefongespräch,

265 GBA, Bd. 15, S. 295.

besprachen noch Striche im *Kreidekreis* und die Probe für den nächsten Tag. Wir verabredeten uns früh auf der Probe. Doch er erschien nicht, und wir gingen zu Elisabeth Hauptmann. Besson, Palitzsch und ich berieten mit ihr, da Brecht am Abend des Dienstag nach München zu Doktor Schmitt zur Kur fahren sollte, um gesund zu werden. Und wir, obwohl wir natürlich was ahnten, legten Wert darauf, dass wir nur von zeitweiliger Abwesenheit Brechts ausgingen, und hielten das durch. Was dann folgte, habe ich bereits beschrieben.

Welche Bedeutung hatte Brecht für Sie?

Ohne Brecht wäre ich wahrscheinlich Mathematiker geworden. Ich habe Mathematik mit Genuss betrieben, nicht aus Rationalität. Durch Brecht wurde mir eine Sicht auf die Welt offenbar, die nicht gelehrt wurde. Man war aufgefordert, an der Entwicklung dieser Sicht teilzunehmen. Man konnte teilnehmen, man musste nicht. Aber wenn man teilnahm, hatte man Erlebnisse, die man wahrscheinlich woanders nicht gehabt hätte. Und was das Wichtigste war: Brecht sorgte dafür, dass man sich selber kennenlernte. Die eigenen Grenzen, aber auch die eigenen Möglichkeiten. Ich entdeckte, dass ich, was den Humor betraf, eine ziemliche Ähnlichkeit mit Brecht fühlte, was uns sehr nahe brachte.

Außerdem erkannte ich die dialektische Denkweise, die andere betreiben als Einpeitscher von Gesetzen, als die große Chance der Welt, sich in Widersprüchen weiterzuentwickeln und gegebenenfalls sogar zu erhalten, auch heute noch. Von Brecht lernte man einen superkritischen Optimismus.

Ich träume sehr oft von Brecht und spreche mit ihm, höre ihn auch noch reden. Er sagt mir sehr vernünftige Dinge, aber eben in der Art von Brecht: Dinge, die nicht schlüssig sind, keine Anweisungen, sondern immer Anregungen, oftmals auch falsche. Brecht irrte. Das gehört zu einem großen Mann, dessen Irrtümer oftmals aufschlussreicher sind als die Wahrheiten anderer Leute.

Unsinnig zu sagen, er war mein Lehrer. Das war er sowieso. Ich werde ja immer noch als sein Schüler bezeichnet mit achtzig Jahren. Das ist die andere Seite, mit der man sich abfinden muss. Dass man immer, wenn man mit einem großen Mann zusammen ist, in dessen Schatten steht, egal, was man tut. Woanders hätte man die Möglichkeit, in der Promotion wesentlich mehr vorhanden zu sein. Aber dieser Verlust ist verbunden mit einem Gewinn, den niemand beurteilen kann, der nicht selbst mit Brecht gearbeitet hat. Dazu gehört vor allem auch diese Genussfähigkeit, die Freude auch an ernsten und schwierigen Dingen, selbst noch in der Wissenschaft, die ich ja nebenbei noch betreibe – und gern betreibe. Die Tätigkeiten dieser Welt dennoch mit Genuss zu verrichten, das ist, was man von Brecht lernen konnte. Und das versuche ich.

Und jetzt machen wir Schluss, ich muss meinen Kater reinholen. Es ist seine Fressenszeit. Und er hält sich streng daran.

Vielen Dank!

Bildnachweis
Manfred Idler: 130
Claus Küchenmeister: 59
Karl Leher: 124 o.
Anselm H.-W. Müller: 127 u.
Horst Schulze: 58
Vera Tenschert: 61 u., 62, 63, 64, 66, 70 u., 71, 72, 123 o., 125 o., 126
Leonard Zubler: 70 o.

Die übrigen Fotografien stammen aus dem Privatarchiv von Manfred Wekwerth.
Nicht in allen Fällen konnten Bildrechteinhaber ermittelt werden.
Berechtigte Honoraransprüche bleiben gewahrt.

Bibliographische Information der Deutschen Nationalbibliothek
Die Deutsche Nationalbibliothek verzeichnet diese Publikation in der Deutschen Nationalbibliographie; detaillierte bibliographische Daten sind im Internet über *http://dnb.d-nb.de* abrufbar.

ISBN 978-3-359-02515-3

1. Auflage

Umschlaggestaltung: Buchgut, Berlin, mit Andreas Töpfer
Druck und Bindung: CPI Moravia Books GmbH

Ein Verlagsverzeichnis schicken wir Ihnen gern:
Das Neue Berlin Verlagsgesellschaft mbH
Neue Grünstr. 18, 10179 Berlin

Die Bücher des Aurora Verlags erscheinen
in der Eulenspiegel Verlagsgruppe.

www.aurora-verlag-berlin.de

AURORA